本書の特色と使い方

この本は，国語の読解《どっかい》問題を集中的に学習できる画期的な問題集です。苦手な人も，さらに力をのばしたい人も，1日1単元ずつ学習すれば30日間でマスターできます。

1 「パターン別」と「ジャンル別」トレーニングで読解力を強化する

「指示語《しじご》」や「接続語《せつぞくご》」などを問うパターン別問題に取り組んだあとは，物語，説明文などのジャンル別問題にチャレンジします。さまざまな問題に慣《な》れることで，確《たし》かな読解力が身につきます。

2 反復《はんぷく》トレーニングで確実《かくじつ》に力をつける

数単元ごとに習熟度確認《しゅうじゅくどかくにん》のための「**まとめテスト**」を設《もう》けています。解《と》けない問題があれば，前の単元にもどって復習しましょう。

3 自分のレベルに合った学習が可能《かのう》な進級式

学年とは別の級別構成《こうせい》（12級～1級）になっています。「**進級テスト**」で実力を判定《はんてい》し，選んだ級が難《むずか》しいと感じた人は前の んどん上の級にチャレンジしましょう。

4 巻末《かんまつ》の「解答」で解き

問題を解き終わったら， をしましょう。「**考え方**」で，特に重要なことがらは「**チェックポイ** 分に理解しながら学習を進めることができます。

もくじ

読解力 **5級**

本書に関する最新情報は，当社ホームページにある本書の「サポート情報」をご覧ください。（開設していない場合もございます。）

月　日

↓解答は65ページ

1 次の文章を読んで、あとの問いに答えなさい。

熱帯の夜。森からは強い香《かお》りが漂《ただよ》ってきます。夜に咲《さ》く花の香りです。その香りは、視覚《しかく》がほとんど①用をなさない暗闇《くらやみ》でその存在感《そんざいかん》をきわだたせます。夜の花の香りは、ヒトにも②せつない思いを胸《むね》いっぱいに広げるようです。

夜咲く花にかぎらず、独特《どくとく》の香りをもつ花は少なくありません。③草いきれのする残暑のなか、ふと漂ってくる＊林縁《りんえん》のクズの花も甘《あま》い香りで私《わたし》たちを驚《おどろ》かせます。春、住宅街《じゅうたくがい》の夜道を歩いているとき甘い香りに気づいたら、それは庭先のフェンスを這《は》うハゴロモジャスミンの花にちがいありません。香りは夜にいっそう強くなるのです。

私たちは、香水《こうすい》などに花の香りを利用しています。残念ながら花の香りを写真であらわすことはできませんが、写真を見ただけでも、その甘い香りをかいだときの記憶《きおく》がよみがえってくるかもしれません。臭覚《しゅうかく》、つまり匂《にお》いや香りの感覚は、心の深いところで私たちヒトの感情《かんじょう》や行動を支《し》配《はい》しているからです。

動物の種類が異《こと》なれば、匂いや香りの□としての重要性《じゅうようせい》は大きく異なりますが、④視覚のあまりきかない夜に

(1) ——①「用をなさない」の意味として最も適切《てきせつ》なものを次から選び、記号で答えなさい。

ア 無理に使用しない。
イ 必要ではない。
ウ 役に立たない。
エ 活用法がない。

ヒント 夜になると視覚はどのような状態《じょうたい》になるのか考えよう。

（　　）

(2) ——②「せつない」と同じ意味で使われているものを次から選び、記号で答えなさい。

ア 親友が転校するのはせつないなあ。
イ 体力的にせつないことだ。
ウ せつないほどに体調が悪い。
エ せつないおもちゃ箱をかたづける。

ヒント 「せつない思い」の意味をよく考えよう。

（　　）

行動する動物にとって、臭覚は環境《かんきょう》を知る重要な手がかりを与《あた》えてくれます。夜をおもな活動時間にしている蛾《が》の仲間は、同じ種のコミュニケーション手段《しゅだん》として、匂い成分であるフェロモンを使います。かれらはとくに匂いに敏感《びんかん》な昆虫《こんちゅう》なのです。だから夜に咲く花は、強い匂いを放つことで効果的《こうかてき》に蛾を招《まね》こうとしているのです。

花によってはフェロモンやキノコに似《に》せた香りで昆虫を誘《さそ》うものもあります。フェロモンのような匂いでポリネー＊タをおびきよせるのは、ランの仲間のドラゴンオーキッドの花です。花から動物へ送るシグナルとして、視覚に訴《うった》える色や形と同じぐらい、臭覚に訴える香りは重要なのです。

植物の香りは＊揮発性《きはっせい》の化学物質《ぶっしつ》によるものです。なかでも花の香りは、いくつもの化学物質が絶妙《ぜつみょう》に混《ま》ざりあって醸《かも》しだされます。そのブレンドしだいで、香りもその強さも微妙《びみょう》に変化します。香りの世界はとても複雑《ふくざつ》で奥深《おくぶか》いものなのです。

（鷲谷《わしたに》いづみ「花はなぜ咲くのか？」）

＊林縁＝森林の縁《ふち》の所。森林内部よりも光がよく差し込《こ》むので、植物などがよく育つ。
＊ポリネータ＝花粉を運ぶ動物。
＊揮発性＝気体になりやすい性質のこと。

(3) ――③「草いきれ」とありますが、□に「草いきれ」があてはまるものとして最も適切なものを次から選び、記号で答えなさい。

ア 満開のさくらがさわやかな□を感じさせる。
イ 夏の太陽が照りつけ、むっとする□を運んでくる。
ウ もみじを見ながら□を思い出していた。
エ 雪がふって、□が強まった。

（　）

(4) □にあてはまる「信号」という意味の言葉を文中から四字でぬき出しなさい。

□□□□

(5) ――④「視覚のあまりきかない」とありますが、ここで使われているのと同じ意味の「きかない」を用いて短文を作りなさい。

（　）

ヒント 「きかない」の意味をよく考えよう。

指《し》示《じ》語《ご》をおさえる

解答は65ページ

月　日

1 次の文章を読んで、あとの問いに答えなさい。

闇《やみ》のなかで眼《め》を光らせているのはタヌキ。白い毛並《けな》みのものがいるのがおわかりだろうか。①これはアルビノといって、色素《しきそ》がなくなって生まれてきたタヌキだ。野生動物の世界には、ときどきこのように真っ白な個体《こたい》が誕生《たんじょう》してくることがある。

（中略《ちゅうりゃく》）

このタヌキは1991年ごろ、長野県の伊那谷《いなだに》で見つけた。ここにはむかしから、このようなアルビノのタヌキがときどき生まれてきていた。タヌキの両親がふつうの毛並みでも、このような純白《じゅんぱく》の子どもが生まれてくることがあるのである。どうやら②この地域のタヌキたちに、アルビノの生まれる遺伝子《いでんし》が受け継《つ》がれているらしいのだ。

多い年には20頭くらいの純白のタヌキを見た。茶褐色《ちゃかっしょく》のふつうの毛並みをしたタヌキたちと一緒《いっしょ》になって行動しているから、純白のタヌキはよく目立つ。ちょっと見たところでは白いイヌかと思われるが、れっきとしたタヌキだった。

一般的《いっぱんてき》には、こうしたアルビノタヌキは遺伝子的に弱い

(1) ――①「これ」が指す内容《ないよう》として最も適切《てきせつ》なものを次から選び、記号で答えなさい。

ア 闇のなかでかくれている動物たち。
イ 茶褐色のタヌキ。
ウ 白い毛並みのタヌキ。
エ 色素がないまま生まれてきた生物たち。

（　　）

(2) ――②「この地域」が指す内容を文中から七字でぬき出しなさい。

ヒント 同じ段落《だんらく》の最初の一文に着目しよう。

(3) ――③「この白いタヌキ」の実際《じっさい》の生態の説明として最も適切なものを次から選び、記号で答えなさい。

ア 遺伝子的に弱い性質《せいしつ》を持っている。
イ ふつうのタヌキと一緒に行動しない。
ウ 仲間はずれにされてしまうことが多い。

ものがあるから、あまり長生きできないといわれている。そして、ときには仲間はずれにもされるという。しかし、ここでふつうのタヌキと一緒に行動している姿《すがた》を見たかぎりにおいては、まったくそのような心配はなかった。仲間はずれにされているわけでもなければ、いじめられてもいない。むしろ、毛並みのよいふつうのタヌキに向かって牙《きば》をむいて威嚇《いかく》したりして、威張《いば》っているところもあった。

ところが、やがて、③この白いタヌキはまったく姿を見せなくなってしまう。めったに見られないという希少価値《かち》から、剥製《はくせい》にして見せ物にしたいという人たちが一部にいたからだ。めずらしい白いタヌキがいるといった噂《うわさ》を聞きつけて、地元の人に捕《つか》まえてほしいと依頼《いらい》してくる者が後を絶《た》たなかった。なかには高額《こうがく》な値段《ねだん》を示《しめ》して、捕獲《ほかく》をうながしてきた者もいた。

④このため、白いタヌキは、罠《わな》でつぎつぎと捕まえられてしまった。そして、あんなに目撃《もくげき》できたアルビノタヌキが、最近ではまったく見られなくなってしまったのである。野生状態《じょうたい》で貴重《きちょう》な生態を見せてくれていたタヌキを、いとも簡単《かんたん》に捕まえて剥製にしてしまうという心理が、同じ人間としてあまりにも悲しい。まだまだ⑤このような心ない人々が一部にいるのかと思うと、世界的な課題である環境《かんきょう》問題を解決《かいけつ》するのには時間がかかりそうだ。

（宮崎《みやざき》 学《まなぶ》「洗剤《せんざい》キャップの棲《す》み心地《ごこち》は？」）

エ ふつうのタヌキを威嚇することがある。　（　　）

(4) ――④「このため」の「この」は何を指していますか。次のあ・いにあてはまる言葉を文中からそれぞれぬき出しなさい。

・めずらしい［あ］を、見せ物にしたいという人たちが一部におり、地元の人に［い］と依頼してくる者が後を絶たなかったということ。

あ（　　）
い（　　）

(5) ――⑤「このような」とは何を指していますか。「心ない人々。」に続くかたちで、それが説明されている部分を文中から四十五字でさがし、はじめとおわりの三字をぬき出しなさい。

・［　　　］～［　　　］心ない人々。

ヒント 「心ない」は無分別な、思いやりのない様子を表す言葉です。――⑤と同じ段落の内容をよく読もう。

接続語《せつぞくご》をおさえる

月　日

↓解答は66ページ

1 次の文章を読んで、あとの問いに答えなさい。

ここにきわめて精巧《せいこう》なロボットがあると仮定《かてい》します。

人のすることならなんでもできるロボットです――①とはいっても、人間があらかじめプログラミングしておかなかったことはできませんが――。歩いたり走ったり、しゃべったり歌を歌ったり、野球やサッカーをしたり、しかもそれはどんどん改良され、完璧《かんぺき》な動作ができるようになってきます。人間の力量をはるかに超《こ》えて、ものすごい球をなげ、ものすごいゴールシュートを決めたりします。②また、どんな高音でも低音でも劇場《げきじょう》いっぱいに響《ひび》きわたる声量で歌えるようにもなってきます。

[③]、それが故障《こしょう》したり、破損《はそん》したらどうしますか？

今度はロボットの修理専門《しゅうりせんもん》のロボットを造《つく》り、それがちゃんと悪いところを直してしまう。そんな医者ロボットさえいれば、ロボットはいつまでも働き続けることができるでしょうか。

それでもやはり機械全体が古くなってしまって、どうしても動かなくなる。人が歳《とし》をとって死んでしまうように、修理ロボットの力ではどうしようもない事態《じたい》が起きるでし

(1) ――①「とはいっても」のはたらきとして最も適切《てきせつ》なものを次から選び、記号で答えなさい。

ア 前のことがらの結果を表している。
イ 前のことがらの原因《げんいん》を表している。
ウ 前のことがらに反対することがらをあとに加えている。
エ 前のことがらの例としてあとのことがらを加えている。

（　　）

(2) ――②「また」と同じ意味で使われているものを次から選び、記号で答えなさい。

ア 兄は優秀《ゆうしゅう》な医師《いし》であり、また登山家でもある。
イ あれほど注意したのに、また同じ失敗をした。
ウ 今日もまた雨がふった。
エ またいつか会いましょう。

（　　）

ヒント 「また」の前後の文を読んで、どのような役割《やくわり》をもっているかを考えよう。

ょう。そのときは古くなったロボットを棄《す》てて、また新しいものを造るしかありません。長く使っていると服でも靴《くつ》でも、すり減《へ》ってきますが、人の皮膚《ひふ》はそうはなりません。靴底はすり減っても足の裏《うら》はすり減らない。この差は、死んでいるか、生きているかの違《ちが》いです。皮膚は、古い部分が垢《あか》になってぼろぼろ落ちます。［④］その下には新しい皮膚がちゃんとできています。［⑤］新陳代謝《しんちんたいしゃ》といって、人の体は絶《た》えず更新《こうしん》されているのです。

　とはいえ、生き物の身体《からだ》もよく故障を起こしています。それがあまりにひどいと死んでしまいますが、野生動物の場合、じっと体を休めていれば自然に治ります。生物の身体には自然治癒力《ちゆりょく》というものがあるからで、機械にこんな能力《のうりょく》はありません。

　人間の場合は野生動物と違って、じっと寝《ね》ていて治るのを待つだけでなくほかの人間が助けてくれます。薬を投与《とうよ》してくれたり、手術《しゅじゅつ》で怪我《けが》を治してくれたりします。その場合も基本《きほん》となるのは身体にもともと備《そな》わっている自然治癒力なのです。若《わか》い元気な人は、老人よりも病気や怪我から回復《かいふく》が早いのはそのためです。

（奥本大三郎《おくもとだいさぶろう》「世界にたったひとつ　君の命のこと」）

(3) ［③］にあてはまる言葉として最も適切なものを次から選び、記号で答えなさい。

ア したがって　イ だから
ウ または　エ しかし

（　　）

(4) ［④］・［⑤］にあてはまる言葉として最も適切なものを次から一つずつ選び、記号で答えなさい。

ア そして　イ つまり　ウ たとえば
エ なお　オ そこで

④（　　）⑤（　　）

(5) 文中には、次の一文がぬけています。それが入る直前の文のおわりの六字をぬき出しなさい。

・つまり、病気になったり、怪我をしたりするわけです。

□□□□□□

ヒント 「つまり」のはたらきから、前にどのような内容がくるのか考えよう。

月　日

時間 20分［はやい15分 おそい25分］
合格 80点
得点　　点

⬇解答は66ページ

❶ 次の文章を読んで、あとの問いに答えなさい。

赤ちゃんや年寄《としよ》りは別として、昔から、ヒトというものは二本あしで歩くものとされてきました。

［①］、二本あしで歩くのはヒトだけでしょうか？　ほかにどんなものがいるか、みなさんも考えてください。

まず、ニワトリやダチョウがいますね。②これらは二本あしで地上を歩き、また走りまわります。空飛ぶトリたちも地上や梢《こずえ》におりれば、翼《つばさ》をたたみ、二本あしで立ったり、歩いたりします。ハトやサギなどは、左右のあしをかわりばんこに前へだして歩きます。スズメなど小鳥たちは、両あしをそろえて、ぴょんぴょんはねて前進します。

しかし、③おなじ二本あしでも、トリとヒトとでは歩くときの姿勢《しせい》が、だいぶちがいます。

それでは、トリが歩く姿《すがた》をまねしてみましょう。まず、二本のあしで立ち、腰《こし》を大きく曲げて、胴体《どうたい》を前方へたおして水平にし、左右の腕《うで》は胴体にぴったりつけます。［④］、顔をあげて、正面をむき、二本のあしで歩くのです。

どうですか。うまくできますか。まるで、腰の曲がったお年寄りのような歩き姿ですね。これがツルやハクチョウで

(1) ［①］・［④］にあてはまる言葉として最も適切《てきせつ》なものを次から一つずつ選び、記号で答えなさい。（10点×2―20点）

ア そして　イ あるいは　ウ だから
エ つまり　オ ところで

①（　　）　④（　　）

(2) ――②「これら」が指す内容《ないよう》を文中から九字でぬき出しなさい。（15点）

(3) ――③「おなじ二本あしでも、トリとヒトとでは歩くときの姿勢が、だいぶちがいます」とありますが、どのようなところがちがうのですか。次の［あ］・［い］にあてはまる言葉を文中からそれぞれぬき出しなさい。（10点×2―20点）

・トリは、胴体を前方へたおして［あ］にし、左右の腕は胴体にぴったりつけるが、ヒトが歩くときは、胴体をまっすぐ［い］に立てる。

あ（　　）　い（　　）

あったならば、くびをさらに潜望鏡《せんぼうきょう》のように、ひょろひょろ高くもちあげなければなりません。

二本あしで歩くといっても、トリとヒトでは、⑤たいへんちがいます。ヒトが歩くときは、胴体をまっすぐ垂直《すいちょく》に立てています。

でも、トリのなかにも、胴体を垂直に立てているものがいます。それはペンギンです。なるほど、テレビや動物園や水族館などでみられるペンギンは、顔をちょっと斜《なな》め上にむけ、胴体をかなり垂直に立てています。

へらのような固い翼は、胴体のわきから左右斜め下へつきだします。少し傾斜《けいしゃ》した背中《せなか》は黒、腹側《はらがわ》は白のふっくらした部屋着をまとっているようにみえます。その裾《すそ》からは、スリッパのようなあしがのぞいています。それは、⑥おどけた紳士《しんし》のようだといえましょう。

（香原志勢《こうはらゆきなり》「わたしの研究⑫二本足で立つって　どういうこと?」）

＊潜望鏡＝潜水艦《せんすいかん》から筒先《つつさき》だけを水面上に出して、外の様子を見る装置《そうち》。
＊傾斜＝ななめにかたむけること。

(4) ――⑤「たいへん」と同じ意味をもつ「たいへん」を使った文を次から選び、記号で答えなさい。（15点）

ア　これはたいへんおもしろい小説だ。
イ　たいへんな仕事だけれども引き受ける。
ウ　火事が起きたなんてたいへんだ。
エ　遠足の準備《じゅんび》はたいへんだけれども楽しい。

（　　）

(5) ――⑥「おどけた」の意味として最も適切なものを次から選び、記号で答えなさい。（15点）

ア　身なりを整えた。
イ　おどおどした。
ウ　こっけいな言動をしている。
エ　かんちがいしている。

（　　）

(6) この文章の内容として最も適切なものを次から選び、記号で答えなさい。（15点）

ア　二本あしで歩くのはヒトだけである。
イ　スズメはあしをかわりばんこに前へだして歩く。
ウ　二本あしで地上を走れるのはヒトだけだ。
エ　ペンギンはトリだが、胴体を垂直に立てている。

（　　）

心情《しんじょう》を読み取る

↓解答は67ページ

月　日

1 次の文章を読んで、あとの問いに答えなさい。

龍平《りゅうへい》さんは、海辺の町の小さな写真館の跡《あと》つぎとして
ふだんは人々の記念写真などを撮影《さつえい》しています。

家の跡をつがず、プロのカメラマンになりたかった龍平さんは、いまだに、プロのカメラマンのような仕事がしたいと、①心ひそかに思っています。

（雑誌《ざっし》の表紙や、グラビア*をかざったりする写真が撮《と》れたらなあ。そんな仕事が来ないかなあ。）

すると、ある日、龍平さんの願いが通じたように、町の小さな印刷屋さんから、こんな電話がかかってきたのです。

「おたくに、来年のカレンダーに使えるような、秋の写真はありませんか。できれば、紅葉《こうよう》したモミジが、いいんですが。」

「えっ、カレンダーに使う写真ですか！」

②龍平さんが声をはずませると、あいては、こまったようにいいました。

「来年のカレンダー用の十月の写真が、どうも、いまひとつでしてね。それで、おたくに、モミジの写真でもあったら、見せてほしいと思ったんですが。」

(1) ――①「心ひそかに思っています」とありますが、龍平さんが思っていることを文中から十八字でぬき出しなさい。

(2) ――②「龍平さんが声をはずませると」とありますが、このときの龍平さんの気持ちとして最も適切《てきせつ》なものを次から選び、記号で答えなさい。

ア のぞんでいた仕事の話がきてうれしかった。
イ 有名になれるかもしれないと期待した。
ウ だまされているのではないかとうたがった。
エ ちょうどよい写真がなくてこまってしまった。

（　　）

ヒント 「声をはずませる」という言葉に着目しよう。

(3) ――③「それに、せっかく撮ってもらっても……」とありますが、「……」にこめられたあいての気持ちとして最も適切なものを次から選び、記号で答えなさい。

龍平さんは、あいてが話しおわるのをまっていいました。

「あのう、それ、ぼくに撮らせてくれませんか。」

「え、わざわざ撮ってくれるんですか。でも、あまり予算もありませんし、③それに、せっかく撮ってもらっても……。」

あいてが口ごもったので、龍平さんは、あいての気持ちを察していいました。

④「だめだったら、そのときはあきらめます。とりあえず、ぼくが撮った写真を見てくれませんか。」

「そうですか。じゃ、あまり時間がないので、なるべく早く見せてください。」

「では、写真ができたら、そちらにうかがいます。」

電話を切ると、龍平さんは［　］させて、店の応接室《おうせつしつ》にかけたカレンダーをながめました。もしかしたら、来年のカレンダーには、たった一枚《いちまい》とはいえ、自分の写真が採《さい》用《よう》されるかもしれないのです。

（そうなったら、いいなあ。）

龍平さんは、ちょっぴり、自分がプロのカメラマンになったような気持ちになりました。

（茂市久美子《もいちくみこ》「アンソニー——はまなす写真館の物語」）

＊グラビア＝ここでは雑誌の写真ページのこと。

ア　写真を撮りに行ってもらっても、高い値段《ねだん》で買い取ることができないので心配している。

イ　せっかく撮ってくれた写真がカレンダーに採用されなかったら申《もう》し訳《わけ》ないと思っている。

ウ　カレンダーのためにわざわざ写真を撮りに行ってくれるということに感動している。

エ　完成まで時間がないので、今から写真を撮りに行って間に合うのか、不安に思っている。

（　　）

(4)　——④「だめだったら……見てくれませんか」とありますが、このときの龍平さんの気持ちとして最も適切なものを次から選び、記号で答えなさい。

ア　結果がだめだったときに傷《きず》つかないようにしよう。

イ　いい写真を撮れば高い値段で買ってくれるはずだ。

ウ　結果はだめになるかもしれないが挑戦《ちょうせん》したい。

エ　いい写真が撮れなくても、あきらめないでほしい。

（　　）

(5)　［　］にあてはまる言葉として最も適切なものを次から選び、記号で答えなさい。

ア　むねをもやもや　　イ　むねをわくわく

ウ　むねをはらはら　　エ　むねをずきずき

（　　）

6日 心情《しんじょう》の移《うつ》り変わりをつかむ

1 次の文章を読んで、あとの問いに答えなさい。

見つかりませんように。心の中で祈《いの》った。①いい年をして掃除《そうじ》用具戸棚《とだな》の中にかくれていたなんて、みっともない。

教室の中を歩く西村さんの運動靴《うんどうぐつ》の音。窓《まど》の鍵《かぎ》がかかっているのをしらべているのだ。ひとつひとつの鍵をゆびさしてたしかめる西村さんの姿《すがた》が目にうかぶ。足音がだんだん近づいてくる。

もしも、いま、突然《とつぜん》戸棚の戸をあけて出ていったら、西村さんはどんなにおどろくだろう。ふとうかんだ思いつきに、胃のあたりがふくれあがるような気分になる。なぜか顔が笑ってしまう。②胸《むね》のどきどきはさっきとちがう。口をあけて息をする。

「よし。」

西村さんの声がすぐ近くでした。すべての窓に鍵がかかっていることを確認《かくにん》したのだ。いまなら二メートルとはなれていないだろう。雅子《まさこ》先生は耳に神経《しんけい》を集中させた。こっちにこないで、こっちにこないで。息をとめた。それでいて、笑いだしたくてたまらない。そうそう、③子どものころかくれんぼをしていてこんな気分になったっけ。足音が

➡解答は67ページ

(1) ——①「いい年をして掃除用具戸棚の中にかくれていたなんて、みっともない」とありますが、「みっともない」と感じているのはだれですか。次から選び、記号で答えなさい。

ア 生徒
イ 西村さん
ウ 雅子先生

（　　）

(2) ——②「胸のどきどきはさっきとちがう」とありますが、「さっき」と「今」の雅子先生の気持ちとして最も適切《てきせつ》なものを次から一つずつ選び、記号で答えなさい。

ア このまま戸棚から出られなくなったらどうしよう。
イ 絶対に見つかりたくない。
ウ 早く西村さんに見つけてもらいたい。
エ 西村さんがどんなにおどろくか見てみたい。

さっき（　　）　今（　　）

月　日

こっちにやってくる。ああ、見つかる。

おもわず左手にさわっていたほうきの柄《え》をにぎりしめ、暗闇《くらやみ》で目をつぶる。足音はとおりすぎる。教室をぐるりとまわって、まえの出入り口にもどっていく。雅子先生はそっと息をはきだしながら、なぜか、すこしがっかりする。

そのとき、左手からほうきが落ち、戸にあたって音をたてた。しまった。

一瞬《いっしゅん》の間をおいて、西村さんのかたい声がした。

「だれかいるのか?」

足音が近づいてくる。ああ、もうだめだ。

雅子先生は、てれ笑いをうかべながら、静かに戸をおしあけた。

「田島先生!」

身がまえた姿勢《しせい》のまま④目をむいた西村さんに、雅子先生は両手でVサインをしてみせた。ほかにどうしようがあるだろうか。そして、戸棚の段《だん》からよっこらしょと外におり、まだ口もきけない西村さんに、もう、てれ笑いではなく、体の中からこみあげてくる笑顔《えがお》で、いった。
⑤「ああ、おもしろかった。」

(岡田《おかだ》 淳《じゅん》「掃除用具戸棚」)

(3) ――③「子どものころかくれんぼをしていてこんな気分になったっけ」とありますが、「こんな気分」について説明した次の あ ・ い にあてはまる言葉を、文中からそれぞれぬき出しなさい。

・かくれんぼをしているときに、 あ と思いつつも、 い たまらない気分。

あ( )
い( )

(4) ――④「目をむいた」とありますが、このときの西村さんの気持ちとして最も適切《てきせつ》なものを次から選び、記号で答えなさい。

ア 雅子先生がかくれていたことにおどろいている。
イ 戸棚にかくれていたことに感心している。
ウ 雅子先生が見つかって安心している。
エ 戸棚から聞こえた音の正体がわかって喜んでいる。

( )

(5) ――⑤「ああ、おもしろかった」とありますが、このときの雅子先生が、どのような顔をしていたかがわかる部分を、文中からぬき出しなさい。

( )

ヒント 西村さんに見つかったあとの行動や表情に着目しよう。

原《げん》因《いん》・理由をつかむ

1 次の文章を読んで、あとの問いに答えなさい。

外来種とは、なんらかの人の行為《こうい》によって本来の生息域《せいそくいき》の外にもたらされた生物種のことです。

（中略《ちゅうりゃく》）

利用のためにもちこまれたり、大量に輸入《ゆにゅう》される穀物《こくもつ》などにまざって、①日本の生態系《せいたいけい》にはふくまれていない生物が入ってくる機会がふえてきました。逆《ぎゃく》に日本の生物が外国にもちだされてそこで問題をおこすことも少なくありません。

今では、市街地《しがいち》や近代的に整備《せいび》された農地など、人間活動の影響《えいきょう》を強くうける土地がふえています。そこは、在来《ざいらい》の生物が生活しにくい場所であり、外来の生物が入りこむ余地《よち》がふんだんにあります。これらが相まって、②外来種が入りこんで、さまざまな影響をおよぼすことが多くなっているのです。

外来種のなかでも、問題をひきおこす外来種を侵略的《しんりゃくてき》外来種とよびます。③外来種が侵略的外来種としてふるまう可《か》能性《のうせい》があるのは、それほどふしぎなことではありません。

外来種は、よく似《に》た在来の生物とくらべると、競争に強く、

↓解答は67ページ

(1) ――①「日本の生態系にはふくまれていない生物が入ってくる機会がふえてきました」とありますが、なぜですか。次の あ ・ い にあてはまる言葉を、文中からそれぞれ二字と七字でぬき出しなさい。

・ あ のためにもちこまれたり、 い などにまざったりして入ってくるから。

あ □□

い □□□□□□□

(2) ――②「外来種が入りこんで、さまざまな影響をおよぼすことが多くなっている」とありますが、なぜですか。理由として適切《てきせつ》なものを次から二つ選び、記号で答えなさい。

ア 外来種は近代的な土地を好むため、市街地などに積極的に移動するから。

イ 輸入などの機会が多くなり、外来種が入りこみやすくなっているから。

ウ 人間活動の影響を強くうける土地は、在来の生物が生活しにくく、外来種が入りこみやすい場所だから。

エ 外来種は入りこみやすい土地を見つけると、その土地に仲間を多くよびこむから。

（　　）（　　）

月　　日

さかんに繁殖《はんしょく》するものが多いのです。しかし、外来種としてその地域に入ってきた生物のすべてが定着するわけではありません。定着した種は、いくつもの難関《なんかん》をのりこえることができた強い生物であるといえるでしょう。

さらに、原産地でその生物を悩《なや》ませる病原菌《びょうげんきん》や天敵《てんてき》などをともなわずに新天地に入ってくることも、その生物が④病気になりにくく、ほかの生物の犠牲《ぎせい》になることも少なく元気に生きつづけることのできる理由です。

⑤侵略的外来種が在来種に大きな影響をおよぼすことが少なくないのは、進化の歴史を共有していないため、その関係が進化的に調整されていないことによります。その場合、競合に負けたり、えさとなったり、寄生《きせい》される(病気になる)ことを防《ふせ》ぐ手だてをもたないために、弱い在来生物が犠牲になってしまいます。

ともにすごした進化的な時間が長ければ長いほど、生物間の関係は、適応《てきおう》進化によって調和のとれたもの、すなわち弱い生物が一方的な犠牲にはならないような関係になります。外来種は在来種との関係の歴史が浅いため、関係調整にむけた適応進化がおこる前に、在来種に壊滅的《かいめつてき》な影響をあたえるおそれがあるのです。

(鷲谷《わしたに》いづみ「セイヨウオオマルハナバチを追え」)

(3) ――③「外来種が侵略的外来種としてふるまう可能性があるのは、それほどふしぎなことではありません」とありますが、なぜですか。理由を説明した部分を、「から。」に続くかたちで文中から四十字でさがし、はじめとおわりの五字をぬき出しなさい。

・□□□□□～□□□□□から。

(4) ――④「病気になりにくく、……元気に生きつづけることのできる理由」を二つ、文中の言葉を用いて答えなさい。

(　　　)

(　　　)

(5) ――⑤「侵略的外来種が在来種に大きな影響をおよぼすことが少なくない」とありますが、なぜですか。

(　　　)

ヒント ――⑤をふくむ一文に着目しよう。

言いかえの関係をおさえる

月　日

↓解答は68ページ

1 次の文章を読んで、あとの問いに答えなさい。

【①宇宙《うちゅう》空間に出ると、ここは「生き物が生きていけない世界だ。」と直感的に感じる。それは、しんしんと伝わってくる。

冷たさじゃない。静けさかもしれない。

宇宙には空気がないから音がない。そして、「気配」がない。動いている生き物の気配がない、無生物感に満ちた静けさ。

命がない世界に包まれて、ぼくの中に緊張感《きんちょうかん》はあった。妙《みょう》に静かな世界だぞ、と。

②ヘルメットが割《わ》れればぼくは死ぬ。

だが、自分は生と死のはざまにいるというのに、ふしぎなことに恐怖感《きょうふかん》はなかった。】

ぼくはその後も二回船外活動をしたのだけれど、エアロ*ックから宇宙に出るたびに「あの静かな世界に行くんだ。」と、まるで三途《さんず》の川（「この世」と死んだあとの「あの世」の間にある川。死んだ人が歩いてわたるといわれている）をわたるような気持ちで宇宙に出ていったことを覚えている。

(1) ——①「宇宙空間」を言いかえている言葉を、【　】の中から六字でぬき出しなさい。

(2) ——②「ヘルメットが割れればぼくは死ぬ」とありますが、この状態《じょうたい》を筆者はどのように表現《ひょうげん》していますか。文中から十三字でぬき出しなさい。

ヒント 「ヘルメット」が割れればすぐに死んでしまう極限《きょくげん》の状態を「ぼく」はどのように表現しているだろう。

(3) ——③「宇宙に行くと『命』が見える」とありますが、これはどのような意味ですか。文中の言葉を使って、「『命』が見える」を言いかえなさい。

そんな生き物の存在《そんざい》を許《ゆる》さない、静かな世界に身を置いていたからこそ、地球の「命」の輝《かがや》きが胸《むね》をうつ。それは地球では絶対《ぜったい》感じることのできない感覚だった。

地球にくらしていると、空気があるのがあたりまえ。命や死についてふだんはあまり考えないし、自分が生きていることについて、なんの疑問《ぎもん》もいだかない。

でも、③宇宙に行くと「命」が見える。

宇宙は基本的《きほんてき》に命の存在を許さない、④死の空間。ぼくが着ている宇宙服の内側は生で、外側は死。生と死をへだてているのは、うすいヘルメット一枚《いちまい》だ。

そして地球を見ると、同じようにほんとうにうすい地球の大気の層《そう》が、その内側の生と外側の死をへだてているのが見える。

宇宙で死の世界に包まれて、ぼくは命がどこにでもあるものではないことを実感した。

周りをどんなにたくさんの星で囲まれていても、命があると実感した星は地球だけだった。

ほんとうに奇跡《きせき》のような存在なんだ。

⑤死と隣《とな》り合わせで、命の輝きに満ちているからこそ、地球は美しい。

（野口聡一《のぐちそういち》「宇宙においでよ！」）

＊エアロック＝宇宙の実験施設《しせつ》の入り口のこと。

・宇宙に行くと（　　　　）

(4) ――④「死の空間」とありますが、筆者はなぜ宇宙をこのように表現したのですか。次の あ ・ い にあてはまる言葉を文中からそれぞれぬき出しなさい。

・宇宙には あ がないので、生き物が い から。

あ（　　　　）

い（　　　　）

(5) ――⑤「死と隣り合わせ」とありますが、同じことをどのように表現していますか。文中から三十五字でさがし、はじめとおわりの三字をぬき出しなさい。

□□□～□□□

ヒント「死」の反対にあるものは何かを考えて、同じことを説明している部分をさがそう。

(6) 筆者は「地球」をどのような存在であると表現していますか。文中から八字でぬき出しなさい。

□□□□□□□□

9日

対《たい》比《ひ》をつかむ

1 **次の文章を読んで、あとの問いに答えなさい。**

きびしい環境《かんきょう》にもかかわらず、生き物がまったくすんでいない砂漠《さばく》はほとんどありません。生き物は、その土地の環境にたくみに適応《てきおう》して生きています。

でも、水がなければ生物は生きていけません。砂漠では、空気中にふくまれているわずかな水蒸気《すいじょうき》が霧《きり》や露《つゆ》になったり、たまにふる雨が地下水になってかくれています。オアシス*やワジのまわりに①植物がはえているのは、近くに水がある証拠《しょうこ》です。

砂漠の生き物をささえている中心は植物です。植物は水と太陽の光、空気中の二酸化炭素《にさんかたんそ》を使って、生きていくための栄養分をつくりだしています。②砂漠の植物も、その生き方はいっぱんの植物と、基本的《きほんてき》には同じです。

③一方、動物たちは自分自身で栄養分をつくりだすことができません。そこで砂漠にすむ草食の動物は、植物を食べることによって、栄養分や水分をとって生きています。さらに肉食動物たちは、これら草食動物を食べることによって、間接《かんせつ》的に植物のつくりだした栄養分のお世話になっています。

↓解答は68ページ

月　　日

(1) ——①「植物がはえているのは、近くに水がある証拠です」とありますが、なぜ証拠になるのですか。理由を答えなさい。

（　　　　）

(2) ——②「砂漠の植物も、その生き方はいっぱんの植物と、基本的には同じです」とありますが、砂漠の植物は、どのような生き方をしていますか。それを説明した次の□にあてはまる言葉を答えなさい。

・砂漠の植物は□を使って、栄養分をつくりだして生きている。

（　　　　）

(3) ——③「動物たちは自分自身で栄養分をつくりだすことができません」とありますが、砂漠にすむ「草食動物」と「肉食動物」がそれぞれどのようにして生きているかを説明した次の[あ]・[い]にあてはまる言葉を文中からそれぞれぬき出しなさい。

【草食動物】

・[あ]を食べることによって、栄養分や水分をとっている。

また、動物が排《はい》せつした尿《にょう》や糞《ふん》、それに動物や植物の死体を分解《ぶんかい》し、そうじしてくれる生き物もすんでいます。分解された糞や尿、死体は土にもどって、ふたたび植物の栄《えい》養源《ようげん》になって吸収《きゅうしゅう》されます。

このように、砂漠でも植物を中心に食ったり食われたりの関係が、くさりの輪のようにつながっているのです。しかし、砂漠のきびしい気候のもとでは、④生き物たちは、ぎりぎりのところで生きています。雨が多く温暖《おんだん》な気候の土地とちがい、このくさりの輪は、たいへんもろいのがとくちょうです。

人間も水がなければ生きていけません。砂漠で水が得られる場所、それは⑤オアシスです。

オアシスには、いくつかのタイプがあります。地下水が自然にわきだしているオアシス、井戸《いど》から水をくみあげているオアシス、雨の多い上流から水を集めて流れてくる川のほとりのオアシスなどです。

オアシスのまわりには緑がしげります。豊《ゆた》かな水があるオアシスでは、人びとがすみつき、かんがい用水をひいて、農業もおこなわれています。

（片平《かたひら》　孝《たかし》「砂漠の世界」）

＊ワジ＝雨がふったときにだけ水が流れる川。

【肉食動物】

・[い]を食べることによって、栄養分をとっている。

あ（　　）　い（　　）

(4) ――④「生き物たち」とありますが、「生き物」を「植物」と「動物」に分け、そのちがいを次のように説明しました。次の[　]にあてはまる言葉を、文中からぬき出しなさい。なお、[　]には同じ言葉が入ります。

・植物は自分で[　]をつくりだすことができるが、動物は何かを食べなければ[　]をとることはできない。

（　　）

(5) ――⑤「オアシス」とありますが、その説明として最も適切《てきせつ》なものを次から選び、記号で答えなさい。

ア 人間が水を得ることのできる唯一《ゆいいつ》の場所。
イ 井戸を使って水をくみあげるためにつくられた場所。
ウ 砂漠であっても農業を行うことのできる場所。
エ 緑が多く、動物もたくさん集まるため、人間はあまり近づかないほうがよい場所。

（　　）

ヒント 最後の段落《だんらく》に着目しよう。

月　日

時間 20分 [はやい15分・おそい25分]
合格 80点
得点　点

↓解答は69ページ

1 次の文章を読んで、あとの問いに答えなさい。

人間は起きているあいだは、意識《いしき》があるでしょ。で、この、①意識の働きというのは、秩序《ちつじょ》だった働きなんです。

ちょっとやってみればすぐわかると思うんだけど、「意識的」に、デタラメは言えないでしょう？　かならず何かの規則《きそく》が入っちゃう。ところがこの、規則性《せい》があるということ、つまり秩序的な働きっていうのは、かならずエントロピー、つまり無秩序、簡単《かんたん》に言うと「ゴミ」を出すものなんです。たとえば、部屋をきれいにしようと、つまり秩序を整えようとしてそうじをすると、きれいになったところはきれいになるけど、一方でゴミがたまる。ゴミのたまったところを見ると、ものすごく汚《よご》れてる。わかるでしょ？

つまり、宇宙《うちゅう》全体を、ただただ秩序だてることなんて、できやしません。言いかえると、宇宙全体を秩序だてていくと、かならず宇宙のどこかにゴミがたまるということ。

起きているってことは、意識活動つまり秩序活動をずっとしている、ってことだから、脳《のう》にかならずゴミがたまるわけです。で、ゴミだらけのままだと秩序活動ができなく

(1) ――①「意識の働き」について次のように説明しました。次のあ・いにあてはまる言葉を文中からそれぞれ五字と二字でぬき出しなさい。(10点×2―20点)

・「意識の働き」とは、[あ]働きである。[あ]働きは、何かを整えるいっぽうで、かならず[い]を出すので、意識があるあいだは、脳にかならず[い]がたまっていく。

あ　　い

(2) ――②「眠っている時間」とありますが、

① 「眠っている時間」をたとえを使って言いかえた表現《ひょうげん》を文中から六字でぬき出しなさい。(20点)

② 人は何のために眠るのですか。「意識活動」という言葉を使って説明しなさい。(20点)

なります。だから「眠《ねむ》る」というのは、そのゴミをかたづける、ということなんですよ。

　眠っているのって、休んでいることだ、とみんな思っているでしょう。これは、ちがうんですね。つまり、②眠っている時間は、起きてるあいだにできたマイナスを回復《かいふく》する、つまり脳が脳の中のゴミをかたづけている時間なんだ。そうじの時間なんです。

　授業《じゅぎょう》をすれば、そのあと、教室のそうじをするでしょ。それは正しいんです。秩序的に授業をきちんとやったら、どうしても汚れが出る。で、こんどはその秩序活動とはちがう方法で、出たゴミをかたづけなきゃいけないというわけです。

（中略《ちゅうりゃく》）
　③人間の筋肉《きんにく》とかは、収縮《しゅうしゅく》したら、つまりなにかの運動をしたら、その分だけエネルギーを使う。でも、収縮しなきゃ、エネルギーは使いません。もちろん生きているための最低限《さいていげん》の基礎《きそ》エネルギーは使いますけどね。④いっぽう、意識はちがいます。意識は「ある」というだけでゴミが出るんです。
　だからかならず寝《ね》て、ゴミをかたづけないといけないんですよ。

（養老孟司《ようろうたけし》「バカなおとなにならない脳」）

（　　　　）

(3) ——③「人間の筋肉」について説明したものとして最も適切《てきせつ》なものを次から選び、記号で答えなさい。（10点）

ア　筋肉は起きている間にマイナスができてしまうので、休んで回復させなければならない。
イ　筋肉は、寝ているときと起きているときで、エネルギーの消費量は変わらない。
ウ　筋肉というのは、収縮しなくてもエネルギーを消費するものだ。
エ　筋肉がエネルギーを消費するということは、なにかの運動をするということだ。

（　　）

(4) ——④「いっぽう、意識はちがいます」とありますが、①「何」と比《くら》べて、②「どのような点」がちがうのかを説明しなさい。なお、①は文中から二字でぬき出しなさい。（①10点・②20点）

①　何……［　　］と比べて
②　どのような点……（　　　　という点。）

話の展開《てんかい》をとらえる

1 **次の文章を読んで、あとの問いに答えなさい。**

①だんだんと走るのが上手になっても、ぼくは、学校にはいていくスニーカーで走った。スポーツ選手みたいなランニングシューズがほしいなんて思ったことは、一度もなかった。バ*ウといっしょにただ走るだけでおもしろかったから。

［　　］次の日から、ぼくは走らない子どもになった。でも、父さんが買ってくれたランニングシューズは、本当にかっこ良かったんだ。

その青いランニングシューズのせいで、その夜、ぼくはバウの夢《ゆめ》を見た。

夢の中で、バウはやっぱり走っていた。ぼくも走っていた。ぼくはなんだか、久《ひさ》しぶりに幸せだった。

そのうち、バウがどんどん速くなる。いつもはずっと同じくらいの速さなのに、おかしいな、ちっとも追いつけない。

（中略《ちゅうりゃく》）

走っても走っても追いつけない。あいつ、いつからあん

↓解答は69ページ

(1) ――①「だんだんと走るのが上手になっても、ぼくは、学校にはいていくスニーカーで走った」とありますが、それはなぜですか。次の［　　］にあてはまる言葉を文中から七字でぬき出しなさい。

・バウといっしょにただ走るだけで［　　］から。

□□□□□□□

ヒント ぼくは、バウと走ることをどう思っていたのだろう。

(2) ［　　］にあてはまる言葉として最も適切《てきせつ》なものを次から選び、記号で答えなさい。

ア 新しいランニングシューズを買ってもらった
イ スニーカーをなくしてしまった
ウ バウが走るのをやめた
エ バウがいなくなった

（　　）

(3) 「夢の中のこと」が書かれているのは、どこからどこまでですか。はじめとおわりの五字をそれぞれぬき出しなさい。

□□□□□ ～ □□□□□

なに速くなったんだろう。

ぼくは体じゅうが熱い。息がゼイゼイして、もう走れない。

「こうさんだあ。」

ついにぼくは、そう一声さけぶと、草の上にどたりとね転んでしまった。青っぽい、いいにおいがした。

（中略）

バウがもどってきた。

「見ろよ！」

そう言ったバウの声は、あれだけ走って、かすれてもいない。そして、右の前足を、ポンと、ね転んでまだゼイゼイしているぼくの顔の横に出して見せた。

バウのやつ、青いランニングシューズなんかはいている。あれは、夕べ、父さんがぼくに買ってくれたものなのに、それをどうしてバウがはいてるんだろう。②そんなの、ずるいや。夢の中のぼくは、そう思った。そして、そう思いながら、またねむってしまった。

朝起きると、ランニングシューズは、ぼくが置いた形のままで、ぼくのつくえの上にのっていた。
③夕べ見た夢のせいか、ランニングシューズは、昨日より、もっとかっこ良く見えた。

（石井睦美《いしいむつみ》「五月の初め、日曜日の朝」）

＊バウ＝「ぼく」が飼《か》っていた子犬。車にはねられて死んでしまった。

(4) ――②「そんなの、ずるいや」とぼくが思ったのはなぜですか。その理由として最も適切《てきせつ》なものを次から選び、記号で答えなさい。

ア ランニングシューズをはいて走ったら、ふつうのくつで走るよりも速く走れるのは当然だから。
イ バウがいなくなって悲しんでいるぼくの気持ちを考えずに、バウは楽しそうだから。
ウ 青いランニングシューズは父さんがぼくに買ってくれたものなのに、バウがはいているから。
エ ぼくは、青いランニングシューズをはいて走らないと調子がでないから。

（　　）

(5) ――③「夕べ見た夢のせいか、ランニングシューズは、昨日より、もっとかっこ良く見えた」とありますが、「昨日より、もっとかっこ良く見えた」のはなぜですか。次の[あ]・[い]にあてはまる言葉をそれぞれ文中からぬき出しなさい。

・いつもはずっと[あ]の速さで走るバウが、ランニングシューズをはいて走ると、ちっとも[い]ほど速かったから。

あ（　　）
い（　　）

ヒント 夢の中でバウと走っている場面に着目しよう。

段落《だんらく》の構成《こうせい》をつかむ

↓解答は70ページ

月　日

1 **次の文章を読んで、あとの問いに答えなさい。**

[1] まず、①水星から海王星《かいおうせい》までの八つとめい王星は分けよう、という考えは、すぐにまとまりました。＊惑星《わくせい》の中でも、めい王星はべつのグループにしようというものです。

[2] 水星から海王星までの惑星を「歴史的惑星」、もしくは「古典的《こてんてき》惑星」とよぶことにしました。めい王星は「ドワーフ・プラネット」というグループに入れます。この日本語名は二〇〇七年四月になって「準惑星《じゅんわくせい》」と決められました。

[3] しかしこれでは、惑星を二つのグループに分けただけですね。②そもそも問題になっているのは、「惑星」とはどういう天体かを決める、ということでした。

[4] 委員たちは、天体のあるところに注目しました。それは「形」です。惑星はどれもみな、ボールのような球形をしていますね。それは、どうしてでしょう。

[5] わたしたちが地面に立っていられるわけを、みなさんは知っていますか？　それは、地球がわたしたちを引っぱっているからです。わたしたちもじつは、地球のことを同じ強さで引っぱっています。③この力が、万有引力《ばんゆういんりょく》で

(1) ──①「水星から海王星までの八つとめい王星は分けよう、という考え」とありますが、それを説明した次の[あ]・[い]にあてはまる言葉を文中からそれぞれぬき出しなさい。

【水星から海王星までの惑星】
「[あ]」、もしくは「古典的惑星」とよぶ。
【めい王星】
「[い]（準惑星）」というグループに入れる。

あ（　　　　）
い（　　　　）

(2) ──②「そもそも問題になっているのは、『惑星』とはどういう天体かを決める、ということでした」とありますが、この問題を解決《かいけつ》するために委員たちが注目したのは何ですか。文中の言葉を使って答えなさい。

（　　　　）

(3) ──③「この力が、万有引力です」とありますが、「万有引力」について説明した次の[あ]・[い]にあてはまる言

す。

6 わたしたちと地球の重さをくらべましょう。地球のほうが、はるかに重いですね。地球とわたしたちが同じ力で引っぱりあっても、地球のほうがはるかに重いので、動くことはありません。反対に軽いわたしたちが地球に引きよせられてしまうために、ジャンプしても地面にもどされるわけです。

7 この万有引力には、ものとものがあれば、なにもしなくても、おたがいが引っぱりあうという特徴《とくちょう》があります。太陽のまわりを惑星やそのほかの天体が回っているのも、そのおかげです。

8 惑星のもとであるちりとちりの間にも、万有引力は働いています。そのため、ちりどうしがくっつき、惑星へと成長しました。大きくなって重くなればなるほど万有引力は強く働き、やがてバランスのとれた安定した形になります。それが、ボールのような球形なのです。

（布施《ふせ》哲治《てつはる》「なぜ、めい王星は惑星じゃないの？」）

＊惑星＝ここでは太陽のまわりを回る天体の中でも大きめのものを指す。水星・金星・地球・火星・木星・土星・天王星・海王星・めい王星の九つが、長年惑星だと考えられてきた。

葉を文中からそれぞれぬき出しなさい。

・「万有引力」には、なにもしなくても、ものとものが、たがいに［あ］という特徴がある。惑星や天体が、［い］のまわりをはなれることなく回り続けることができるのは、この万有引力のおかげである。

あ（　　）
い（　　）

(4) 各段落《だんらく》の説明をしたものとして、最も適切《てきせつ》なものを次から選び、記号で答えなさい。

ア 2段落では、1段落の内容《ないよう》をくり返して説明している。
イ 3段落では、2段落の内容に否定《ひてい》的な意見を書いている。
ウ 5段落では、1～4段落の疑問《ぎもん》に答えている。
エ 8段落では、いちばん大切な内容が書かれている。

（　　）

ヒント 前の段落とのかかわりに着目しよう。

(5) この文章を前半と後半に分けたとき、後半は何段落から始まりますか。番号で答えなさい。

（　　）段落

↓解答は70ページ

月／日

1 次の文章を読んで、あとの問いに答えなさい。

ここは都から遠い、①国境《こっきょう》であります。そこには両方の国から、ただ一人ずつの兵隊が派遣《はけん》されて、国境を定めた石《せき》碑《ひ》を守っていました。大きな国の兵士は老人でありました。そうして、小さな国の兵士は青年でありました。

②二人は、石碑の建っている右と左に番をしていました。いたってさびしい山でありました。そして、まれにしかその辺を旅する人影《ひとかげ》は見られなかったのです。

初め、たがいに顔を知り合わない間は、二人は敵《てき》か味方かというような感じがして、ろくろくものもいいませんでしたけれど、いつしか二人は仲よしになってしまいました。二人は、ほかに話をする相手もなく退屈《たいくつ》であったからであります。そして、春の日は長く、③うららかに、頭の上に照り輝《かがや》いているからでありました。

④ちょうど、国境のところには、だれが植えたということもなく、一株《ひとかぶ》の野ばらがしげっていました。その花には、朝早くからみつばちが飛んできて集まっていました。その快《こころよ》い羽音が、まだ二人の眠《ねむ》っているうちから、夢心地《ゆめごこち》に耳に聞こえました。

(1) ――①「国境」とありますが、この「国境」周辺の説明として最も適切《てきせつ》なものを次から選び、記号で答えなさい。

ア 二つの国の兵士たちが交代しつつ石碑を守っている。
イ ちがう国の兵士であっても仲よくする決まりがある。
ウ 二つの国の兵士が一人ずつ石碑を守っている。
エ 周辺を旅する人はまったく見られない場所である。

（　　）

(2) ――②「二人」とありますが、この「二人」について説明した次の[あ]・[い]にあてはまる言葉を文中からそれぞれぬき出しなさい。

・最初はおたがいに[あ]わからず、会話もしなかったが、ほかに[い]もいなかったため、自然と仲よくなった。

あ（　　）　い（　　）

(3) ――③「うららか」とありますが、ここでの意味として最も適切なものを次から選び、記号で答えなさい。

ア ゆったりとしてくつろいでいる様子。
イ 空が晴れて、日がのどかに照っている様子。

「どれ、もう起きようか。あんなにみつばちがきている。」と、二人は申し合わせたように起きました。そして外へ出ると、はたして、太陽は木のこずえの上に元気よく輝いていました。

二人は、岩間からわき出る清水《しみず》で口をすすぎ、顔を洗《あら》いにまいりますと、顔を合わせました。

「やあ、おはよう。いい天気でございますな。」

「ほんとうにいい天気です。天気がいいと、気持ちがせいせいします。」

二人は、そこでこんな立ち話をしました。たがいに、頭を上げて、あたりの景色をながめました。毎日見ている景色でも、新しい感じを見る度に心に与《あた》えるものです。

青年は最初将棋《しょうぎ》の歩み方を知りませんでした。けれど老人について、それを教わりましてから、このごろはのどかな昼ごろには、二人は毎日向かい合って将棋を差していました。

初めのうちは、老人のほうがずっと強くて、駒《こま》を落として差していましたが、しまいにはあたりまえに差して、老人が負かされることもありました。

この青年も、老人も、いたっていい人々でありました。二人とも正直で、しんせつでありました。二人はいっしょうけんめいで、将棋盤《しょうぎばん》の上で争っても、心は打ち解《と》けていました。

（小川未明《おがわみめい》「野ばら」）

ウ　天気がはっきりせず、ぼやけてみえる様子。

エ　心が晴れ晴れとしている様子。　（　　）

(4) ——④「ちょうど、国境のところには、……一株の野ばらがしげっていました」とありますが、これについて述《の》べた次の あ～う にあてはまる言葉をそれぞれあとから選び、記号で答えなさい。

・二人の兵士は、それぞれ あ 国の兵士だが、この「野ばら」の咲《さ》く国境では、いっしょに話したり、景色をながめたり、 い をしたりと、まるで う のような関係になることができた。

ア　おなじ　　イ　ちがう　　ウ　将棋　　エ　駒

オ　友達同士　　カ　主人と家来

あ（　　）　い（　　）　う（　　）

(5) 青年と老人は、最終的にどのような関係になりましたか。それを表している部分を、文中から二十二字でぬき出しなさい。

□□□□□□□□□□□□□□□□□□□□□□。

ヒント 最後の段落《だんらく》に着目しよう。

結《けつ》論《ろん》をつかむ

⬇解答は71ページ

月　日

1 **次の文章を読んで、あとの問いに答えなさい。**

＊エンザロ・ジコを考え出したのは、岸田《きしだ》袈裟《けさ》さんという日本人女性《じょせい》です。

（中略《ちゅうりゃく》）

岸田さんがまず考えたのは、ケニアの人たちがほんとうに必要としていて、しかも自分たちでつくれるものは何か、ということでした。そのために村の女性たちとの話し合いを二〇回以上も重ねて、直接《ちょくせつ》みんなの声を聞いたのです。①やがて村人たちは、岸田さんを仲間として受け入れ、本音を語るようになりました。

その話し合いから最初に生まれたのが、水をきれいにする装置《そうち》です。村人たちは川の水を飲んでいたため、上流で病気がはやったり、家畜《かちく》が糞《ふん》をしたりすると、下流の人たちも病気になりました。悪い水を飲んで赤ちゃんが死ぬこともよくありました。そこで、セメントでつくった箱に小石や砂《すな》を入れ、そこに水を流して汚《よご》れを濾《こ》しとる装置をつくったのです。パイプからはいつもすんだ水が流れ出ています。かんたんな装置ですが、なかの小石や砂を時々入れかえれば、長いこと使えます。

(1) この文章は何について述《の》べていますか。次の［　］にあてはまる言葉を文中からぬき出しなさい。

・岸田袈裟さんの取り組みのおかげで、ケニアの［　］の死亡率がへったこと。

（　　　　）

(2) ——①「村人たちは、岸田さんを仲間として受け入れ、本音を語るようになりました」とありますが、「本音」とはどのようなことだったと考えられますか。「がほしいということ。」に続くかたちで文中から四字でぬき出しなさい。

・［　｜　｜　｜　］がほしいということ。

ヒント 次の段落《だんらく》の最初の一文に着目しよう。

(3) ——②「ケニアの多くの地域では、地面に石を三つならべ、その上になべをのせてお料理をしています」とありますが、このやり方の問題点を説明した、次の［あ］～［う］にあてはまる言葉をそれぞれ文中からぬき出しなさい。

その次に、「さらにもっと安全な水を」と考えて出てきたアイデアが、かまどでした。

②ケニアの多くの地域《ちいき》では、地面に石を三つならべ、その上になべをのせてお料理をしています。これだと、石のあいだから熱がにげるので、たきぎがたくさん必要です。また、小さな子どもが寄《よ》ってきてそばでころぶと、やけどをしてしまいます。それに、一度にひとつのなべしかかけられないので、食事のしたくにずいぶん時間がかかります。

水は七十度くらいまでわかせば、ほとんどの細菌《さいきん》や病原体を殺すことができるそうです。でも、③それがわかっていたとしても、お料理のあとでまた飲み水をわかすことは、みんな、なかなかできなかったのです。

それにたいしてエンザロ・ジコは、一石二鳥どころか一石五鳥、六鳥くらいの活躍《かつやく》をするたいへん便利なかまどです。

なによりすばらしいのは、わかした水が飲めるようになって、赤ちゃんの死亡率《しぼうりつ》がへったこと。かまどができてからの五年間に生まれた赤ちゃん百三十五人のうち、五歳《ごさい》前に死んだのはたった一人だけ。それまでは七人に一人は死んでいたというのですから、大きな違《ちが》いです。

（さくまゆみこ「エンザロ村のかまど」）

＊エンザロ・ジコ＝一度に三つのなべを使えるかまど。

・［あ］がたくさん必要になる。
・小さな子どもが［い］をしてしまう危険《きけん》がある。
・食事のしたくにずいぶん［う］がかかる。

あ（　　）　い（　　）　う（　　）

(4) ――③「それ」は何を指していますか。次の［あ］・［い］にあてはまる言葉を文中からそれぞれぬき出しなさい。

・水は［あ］くらいまでわかせば、ほとんどの［い］を殺すことができるということ。

あ（　　）　い（　　）

(5) この文章の内容《ないよう》として最も適切《てきせつ》なものを次から選び、記号で答えなさい。

ア 岸田さんは、ケニアの人たちが必要としているものは何かを一人で考えて提案《ていあん》した。
イ 水をきれいにする装置の次に開発したのがエンザロ・ジコだった。
ウ 上流の川の水を飲んでいた村人は、悪い水を飲んで死んでしまうことが多かった。
エ かまどができてから、悪い水を飲んで死んだ赤ちゃんは一人もいなかった。

（　　）

月　日

時間 20分［はやい15分・おそい25分］
合格 80点
得点　点

↓解答は71ページ

1 次の文章を読んで、あとの問いに答えなさい。

1 対馬《つしま》では、たくさんの人たちが「①ツシマヤマネコ」をシンボルに、豊《ゆた》かな自然をとりもどそうと、自分たちができることからはじめている。

2 でも、なぜ、ニワトリ小屋に近づいてくる野生動物をきらうのではなく、ともに生きることを選んだのだろう？

3 地元の人にきいてみた。

4 「以前には、ごくふつうにいたのに、姿《すがた》が見えなくなってしまったのがさみしい」

5 ②こうこたえる人は、けっこう多い。

6 ヤマネコは、イエネコほどの大きさで、人に向かってくることもないので、サル、イノシシ、クマほどの恐怖《きょうふ》は感じないだろう。

7 今では、数も減《へ》り、絶滅《ぜつめつ》が心配されるからたいせつに思うのは、当然のことかもしれない。

8 ③ツシマヤマネコについて、対馬住民にアンケート調査《ちょうさ》を行った本田裕子《ほんだゆうこ》さんによると（無作為《むさくい》に20歳《さい》～79歳までの男女1000名に配布《はいふ》、488名の回答があった）、95%以上が、「ツシマヤマネコは絶滅が心配され」、「その保《ほ》

(1) ――①「ツシマヤマネコ」を次のように説明しました。次の あ・い にあてはまる言葉を、文中からそれぞれ四字と八字でぬき出しなさい。

・ニワトリをねらう あ である一方で、対馬にしか存在《そんざい》しない生き物であることから、い であるとも考えられている。（10点×2―20点）

あ　　　　
い　　　　

(2) ――②「こうこたえる人は、けっこう多い」とありますが、「質問」にあたる段落《だんらく》をさがし、番号で答えなさい。（20点）

（　　）段落

(3) ――③「ツシマヤマネコについて、対馬住民にアンケート調査を行った」とありますが、「アンケート調査」についての説明として、最も適切《てきせつ》なものを次から選び、記号で答えなさい。（20点）

ア 20歳～79歳までの農家を対象に調べた。

イ 1000名に配布し、半分以上の回答があった。

護《ご》活動が行われている」ことを知っていた。

9 そして、「あなたにとって、ツシマヤマネコとはなんですか？」という質問《しつもん》には、半数以上の人が「対馬だけに生息する動物」と答えた。また、「対馬の誇《ほこ》り、象徴《しょうちょう》はなにか」を自由に書いてもらうと、「ツシマヤマネコ」と書いた人がもっとも多かった。

10 このことからも、多くの回答者が、ツシマヤマネコに「対馬」そのものをイメージし、地域《ちいき》の象徴と考えていることがアンケートから見えてきた。

11 「飼育《しいく》下のツシマヤマネコを野生に返す」ことについては、「もともといた野生の生きもの」だから、④「賛成《さんせい》する」という意見は多い。

12 復帰《ふっき》に⑤「賛成、反対どちらともいえない」、「反対」と答えた人の中にも、「復帰がうまくいくかどうかわからない」「成功しないと思うから」と、ツシマヤマネコが生きていくことができるか心配する立場の人が半数近くいた。

（太田京子《おおたきょうこ》「ツシマヤマネコって、知ってる？」）

ウ 90％以上がツシマヤマネコが絶滅しそうだと知っていた。

エ 保護活動に対する認知度《にんちど》は低かった。

（　　　）

(4) ――④「『賛成する』という意見は多い」とありますが、

① 何に対して賛成しているのですか。(20点)

（　　　　　　　　　　　　　　　　）

② なぜ「賛成する」意見が多いのですか。次の□にあてはまる言葉を文中からぬき出しなさい。(10点)

・ツシマヤマネコは、□だから。

（　　　　　　　　　　　　　　　　）

(5) ――⑤「『賛成、反対どちらともいえない』、『反対』と答えた人」の考えを説明した、次の□にあてはまる言葉を文中からぬき出しなさい。(10点)

・ツシマヤマネコが野生で□ことができるかどうか心配だから。

（　　　　　　　　　　　　　　　　）

1 次の文章を読んで、あとの問いに答えなさい。

わたしにはほんとうにわからなかった。

だって、わたしにはなにもない。絹子《きぬこ》先生やサティのおじさんや君絵《きみえ》みたいな個性《こせい》がない。そのことでひそかにコンプレックスをもちつづけていたのだ。

「今はまだわからないかもしれない。でもおぼえていてね」

①おぼえていてね、と力をこめて絹子先生はいった。

「たとえばワルツ*を踊《おど》るとき、わたしも彼《かれ》も君絵ちゃんも、体のどこかに極端《きょくたん》に力が入っているの。楽しく自由に踊っているつもりでも、どこかかたよっているのよ。でも奈緒《なお》ちゃんはちがう。あなたのワルツはとても自然で、のびやかで、すてきだわ」

下手くそなワルツをほめられて、②わたしは赤くなってうつむいた。

そのときだ。玄関《げんかん》のほうからドドドドド……といのししが突進《とっしん》してきた、ような足音が迫《せま》ってきた。

サティのおじさんと③君絵が駆《か》けっこをしながらもどってきたのだ。どうしてふつうにもどってこれないのだろう。

↓解答は72ページ

(1) ――①「おぼえていてね、と力をこめて絹子先生はいった」とありますが、絹子先生が「力をこめて」いったのはなぜですか。次の[あ]～[う]にあてはまる言葉を文中からそれぞれぬき出しなさい。

・奈緒は、自分の個性のなさを[あ]に感じていたが、実はとても[い]で、[う]で、すてきなワルツを踊ることができることを奈緒自身に気づいてほしかったから。

あ（　　　）　い（　　　）　う（　　　）

(2) ――②「わたしは赤くなってうつむいた」とありますが、このときの「わたし」の気持ちとして最も適切《てきせつ》なものを次から選び、記号で答えなさい。

ア 自分では下手だと思っていたワルツをほめられたので、はずかしい反面、うれしくもある。

イ 自分では得意だと思っていたワルツをほめられたので、自信がつき、喜びを感じている。

ウ 君絵のほうがワルツがうまいと思っていたので、自分のほうがうまいと言われておどろいている。

「ずいぶん早かったね」

もう少し絹子先生にほめられていたい気分だったわたしは、ちょっといやみっぽくふたりをむかえた。

「だって早くしないと、アイス溶《と》けちゃうから」

ハアハア息をはきながら、君絵が大きな紙袋《かみぶくろ》をさしだした。なかをのぞくと、十二色のクレパスみたいにカラフルなアイスキャンデーが、実際《じっさい》に十二本も入っている。

「なんでこんなに買ったの？」

「知んない。きれいだからじゃないの？」

君絵がいって、④サティのおじさんに目をやった。

駆けっこで君絵に勝ったのがよほどうれしいのか、サティのおじさんは満面の笑顔《えがお》で、まだ広間をドタドタと跳《は》ねまわっている。こんなに短時間で、こんなにけろっと機嫌《きげん》をなおせる人もめずらしい。これじゃ、だれも彼を憎《にく》めない。

ひと暴《あば》れしてくたびれると、サティのおじさんはわたしの手から紙袋をひったくり、まっすぐ□のもとへ歩みよっていった。

十二色のアイスキャンデー。

いちばん最初に、いちばん好きな色をえらんだのは絹子先生だった。


（森《もり》 絵都《えと》「アーモンド入りチョコレートのワルツ」）

＊ワルツ＝社交ダンスなどで踊られるダンスの種類。

エ　個性がないことを気にしていたので、そのことが絹子先生にばれてしまい、はずかしくなっている。　（　　）

(3) ――③「ふつうにもどってこれない」とありますが、「ふつう」でない様子をどのようにたとえていますか。文中から十七字でぬき出しなさい。

(4) ――④「サティのおじさん」について説明した次の あ ・ い にあてはまる言葉を文中からそれぞれぬき出しなさい。
・おとななのに君絵との あ に勝って喜ぶなど、むじゃきな一面をもち、だれも彼を い と思わせる人。
あ（　　　　）　い（　　　　）

(5) □にあてはまる人物を次から選び、記号で答えなさい。
ア　わたし　イ　君絵　ウ　絹子先生　エ　自分　（　　）

ヒント　だれが最初にアイスキャンディーを選んだのか読み取ろう。

↓解答は72ページ

月　日

1 次の文章を読んで、あとの問いに答えなさい。

町の探検《たんけん》をするときには、いつも一人で自転車をとばす。お母さんは知らない。①少年は学校から帰るとすぐに「遊びに行ってきまーす」とはずんだ声で言って家を出て、町をあてもなく自転車で巡《めぐ》って、夕方五時のチャイムが鳴るまで時間をつぶしてから、「ただいまーっ」とはずんだ声で家に帰る。

初めての転校だった。②新しい友だちとどうなじんでいけばいいのかよくわからなかったから、しくじった。最初はよかったのだ。クラスのみんなは休み時間のたびに少年のまわりに集まって、前の学校のことをあれこれ訊《き》いてきた。すっかり人気者だ——と、勘違《かんちが》いしてしまった。気がゆるんだ。質問《しつもん》に答えるだけではなく、なにか面白《おもしろ》いことを言って、みんなを笑わせてやろうと思った。前の学校や町のことを少し大げさに話した。この学校やこの町の感想も、ギャグのネタになるようにしゃべった。すると、それが「いばってる」「ここを田舎《いなか》だと思ってバカにしてる」ということになってしまった。笑ってくれるはずのみんなは怒《おこ》りだした。誰《だれ》も少年の席には集まらなくなり、放課後のソ

(1) ——①「少年は……家に帰る」とありますが、少年が「はずんだ声」をしていたのはなぜですか。最も適切《てきせつ》なものを次から選び、記号で答えなさい。

ア 引っこしてきたばかりなので、新しい場所を巡るのがおもしろくてしかたないから。

イ 友だちができず、一人で自転車に乗って町を巡っていることを、家族に気づかれないようにしたかったから。

ウ 新しくできたクラスの友だちと、毎日みんなで遊びに行くことがうれしかったから。

エ この町には遊べる場所がたくさんあって、毎日おそくまで時間をつぶせるから。

（　　）

ヒント あとの内容《ないよう》から、少年の今の様子を読み取ります。

(2) ——②「新しい友だちとどうなじんでいけばいいのかよくわからなかったから、しくじった」とありますが、少年は、何を「しくじった」と言っているのですか。次の あ ・ い にあてはまる言葉を文中からそれぞれぬき出しなさい。

・人気者になったと勘違いして、みんなを笑わせてやろうと、

フトボールにも誘《さそ》ってくれなくなった。
「そんなに前の学校がいいんだったら、帰れよ、そっちに」――今日、③聞こえよがしに言われた。言ったのは、少年の話に真っ先に腹《はら》を立てたヨッちゃんだった。

男子のリーダー格《かく》のヨッちゃんは、好きなテレビやゲームやマンガがどれも少年と同じで、おしゃべりをするときのテンポやノリもぴったりで、クラスでいちばん仲良くなれるはずだった。親友になれたらいいな、きっとなれるだろうな、と楽しみにしていた④一週間前までが、いまは、ずっと昔《むかし》のことのように思える。

知らないうちにうつむいてしまっていた。顔を上げ、こいのぼりをもう一度見つめて、まあいいや、とため息をついて自転車のペダルを踏《ふ》み込《こ》みかけたとき、こいのぼりが一尾《いちび》、空に泳ぎ出た。ぽかんと開けた口と竿《さお》を結んでいた紐《ひも》が、ほどけたか、ちぎれたか、黒い真鯉《まごい》が竿からはずれてしまい、風に乗って飛んでいったのだ。

少年はあわてて追いかけた。畑の真ん中にふわりと落ちたのを確《たし》かめると、自転車を乗り捨《す》てて、⑤ごめんなさいごめんなさいしょうがないんです、と謝《あやま》りながら畑に入った。

（重松《しげまつ》　清《きよし》「友だちの友だち」）

前の学校や町のことを［あ］に話したり、この学校や町のことを、［い］になるようにしゃべったりしたこと。

あ（　　　　）　い（　　　　）

(3) ――③「聞こえよがし」の意味として最も適切なものを次から選び、記号で答えなさい。

ア　相手のことなど気にもとめずに。
イ　聞こえるか聞こえないかの声で。
ウ　決して聞こえないように。
エ　わざと聞こえるように。

（　　）

(4) ――④「一週間前までが、いまは、ずっと昔のことのように思える」とありますが、次の文は、A「一週間前まで」、B「いま」、のどちらですか。記号で答えなさい。

① クラスのみんなが休み時間のたびに少年のもとに集まる。
② ヨッちゃんと仲良くしている。
③「前の学校に帰れよ」と言われる。

①（　　）②（　　）③（　　）

(5) ――⑤「ごめんなさいごめんなさいしょうがないんです」とありますが、少年が謝った理由を答えなさい。

（　　　　）

1 次の文章を読んで、あとの問いに答えなさい。

重たいふたをのしっとあげる。巨大《きょだい》な歯のような真っ白い鍵盤《けんばん》がずらずらとどこまでも続いていく。ピアノはその大きな歯をむいてにににににに、キキキキキと笑う。私《わたし》がキーをたたくと、たしかにそんな音がした。

ピアノの黒は悪い黒だ。やみの夜の色、ごきぶりの色。頭をキンとさせるようなにおいがする。

[①]。そして毎日それを弾《ひ》かされることが決まるとピアノは、かつてない手ごわい敵《てき》になった。

私は母にうったえた。

「なんで、あたしだけなの？　進《すすむ》はやらなくていいの？」

「男の子はピアノを習わないものなの」

私の通っていたピアノ教室には、ちゃんと男の子がいた。だが、母にそのことを説明してもむだだった。②一つ違《ちが》いの弟の進は、自分の幸運に気づきもせず、それが、いよいよ私をむっとさせた。

私は自分の③イライラを、まゆの中のかいこのようにひっそりと育てていた。五月の誕生日《たんじょうび》に進が新品の自転車を買ってもらった時、イライラは最初の爆発《ばくはつ》をおこした。私の

↓解答は73ページ

(1) [①] にあてはまる文として最も適切《てきせつ》なものを次から選び、記号で答えなさい。

ア 私はすぐにピアノを弾かなくなった

イ 私はすぐにピアノを好きになると思った

ウ 私はすぐにピアノのとりこになった

エ 私はすぐにピアノがきらいだとわかった

（　　）

ヒント 前の内容《ないよう》に着目しよう。「私」はピアノのことをどのように表《ひょう》現《げん》しているだろうか。

(2) ――②「一つ違いの弟の進は、自分の幸運に気づきもせず」とありますが、私は弟の何を「幸運」だと考えていますか。文中の言葉を使って答えなさい。

（　　　　　　　　　　）

(3) ――③「イライラ」とありますが、私は何に「イライラ」しているのですか。それを説明した次の [あ]・[い] にあてはまる言葉を、それぞれ文中からぬき出しなさい。なお、[あ] は五字以上の言葉が入ります。

四月のバースデー・プレゼントは、あのピアノだ。そして、私の自転車は同じ団地《だんち》のB棟《とう》に住む従姉《いとこ》のお下がりだった。

不公平だ。当時はそんな立派《りっぱ》な言葉を知らなかったから、ずるいずるいとわんわんわめいた。④両親は怒《おこ》った。そして、私にピアノの値《ね》うちを理解《りかい》させようとさんざん骨《ほね》を折ったが、それはむだな努力だった。ピアノの値段《ねだん》がいくらだろうと、弾けるようになるのがどんなにすばらしいことだろうと、私はかまいやしない。

私はピアノは欲《ほ》しくなかった。進は一番欲しがっていた自転車を買ってもらった。これは[⑤]だ。私は、ずっとずっと小さい時から、弟が自分よりいい思いをしないように、気をつけて見はっていたのだ。

「なんて、わがままなんでしょう」

母はなげいた。

「今の自転車がこわれたら、新しいのを買ってやるから」

母より甘《あま》い父がとりなした。

「ふうん。じゃ、すぐにこわすわ」

私は言った。本気だった。

⑥両親はとても恐《おそ》ろしい顔をした。あの顔を私は今でもよく覚えている。彼《かれ》らには、私のイライラはさっぱり理解できなかったのだ。

（佐藤多佳子《さとうたかこ》「五月の道しるべ」）

・誕生日プレゼントが[あ]ピアノだったことや、自分だけがピアノを習わされているのを、[い]だと感じたことで、イライラしている。

あ（　　）

い（　　）

(4) ④「両親は怒った」とありますが、それはなぜですか。「ピアノの値うち」「自転車」という言葉を使って説明しなさい。

（　　）

(5) [⑤]にあてはまる言葉として最も適切なものを次から選び、記号で答えなさい。

ア ヒメイ　イ サベツ

ウ ウソ　エ カンチガイ

（　　）

(6) ⑥「両親はとても恐ろしい顔をした」とありますが、その理由を説明しなさい。

（　　）

↓解答は73ページ

月／日

1 **次の文章を読んで、あとの問いに答えなさい。**

現代女性《げんだいじょせい》たちは、たいてい一枚《いちまい》はふだんに着る黒の服をもっているのではないでしょうか。①喪服《もふく》ではなく、おしゃれのために女性たちが黒を着るようになったのは、じつはココ・シャネルのおかげです。

一九二〇年代まで、黒は喪服か、男性の服の色とされていました。汚《よご》れが目立たないので、農家の女性たちが仕事着で黒っぽい服を着ることはありましたが、都会の女性が着ることはまずありませんでした。舞踏会《ぶとうかい》やレストランに盛装《せいそう》して出かけていくときに黒を着るなど、［　　］とされていたのです。黒は汚《きたな》い色、悲しみの色、女性らしくない色とされ、きらわれていました。

一九二四年のことです。シャネルはオペラ座《ざ》に出かけました。

②ボックス席に座《すわ》ってふと見まわすと、色が洪水《こうずい》のようにあふれています。ワイン・レッド、ひまわりの黄色、スカイブルー、エメラルドの緑……一つずつを見れば美しい色なのですが、一着の服に何色も使われるとごてごてした印象になるばかり。それにあまりにもあざやかな色は、照明

(1) ——①「喪服ではなく、おしゃれのために女性たちが黒を着るようになった」とありますが、このようになる前は、「黒」はどのように考えられていましたか。次の［あ］・［い］にあてはまる言葉を文中からそれぞれぬき出しなさい。

・一九二〇年代まで、黒は喪服か、［あ］の服の色とされていた。また、汚い色、悲しみの色、［い］色とされ、きらわれていた

あ（　　　　）　い（　　　　）

(2) ［　　］にあてはまる四字熟語《じゅくご》を、次の中から漢字を組み合わせて答えなさい。

言　用　語　答　道　断　問　無

［　　　　］

ヒント これまでは考えられなかったという文脈をヒントに考えよう。

(3) ——②「ボックス席に座ってふと見まわすと、色が洪水のようにあふれています」とありますが、これに対してシャネル

のもとで女性たちを美しく見せないことにもシャネルは気づきました。

　そのころ家庭の夫人や娘《むすめ》たちは化粧《けしょう》をしませんでした。人の目から見てわかるほど口紅《くちべに》や頬紅《ほおべに》をつけるのは、下品だとされていたからです。化粧をしないと、はでな色彩《しきさい》の服はかえって女性たちをくすんで見せてしまう。自然な肌《はだ》の色《いろ》を引きたてるのは、はでな色ではなく黒ではないか――シャネルはそう考えました。

　③そこでシャネルは黒のドレスをつくろうと考えます。それもよけいな飾《かざ》りをいっさいつけない黒一色のシンプルなデザインです。黒は陰気《いんき》で暗い色という「常識《じょうしき》」も破《やぶ》ってみせる、とシャネルは固く心に決めました。若《わか》さを表現するのに、あざやかな色やはでな飾りは必要ないはずです。心もからだも若々しい人ならば、黒の象徴《しょうちょう》するマイナスのイメージをプラスにかえられるはずです。――「たくさんの色を使えば使うほど、かえってみにくくなるということに、女たちは気づかない」

　④シャネルのこのことばは、いまの時代からふりかえるとまさに名言です。ごてごてと色を使った服は、女性たちの印象をぼやけさせてしまいます。

（実川元子《じつかわもとこ》「こんな生き方がしたい　ファッションデザイナーココ・シャネル」）

はどのように感じましたか。次の[あ]・[い]にあてはまる言葉を文中からそれぞれぬき出しなさい。

・一つずつを見れば[あ]色だが、一着の服に何色も使われると[い]印象になるばかりだ。

あ（　　　　）　い（　　　　）

(4) ――③「そこでシャネルは黒のドレスをつくろうと考えます」について、その理由を「～と考えたから」に続くかたちで、文中から二十八字でさがし、はじめとおわりの三字をぬき出しなさい。

・[　　　]～[　　　]と考えたから。

(5) ――④「シャネルのこのことばは、いまの時代からふりかえるとまさに名言です」と筆者が述《の》べる理由として、最も適切《てきせつ》なものを次から選び、記号で答えなさい。

ア　おしゃれな女性たちの印象を明確《めいかく》なものにしたから。
イ　黒のプラスイメージをさらに加速させたから。
ウ　あざやかな色で若さを表現したから。
エ　服の色に関するそれまでの常識を破ったから。

（　　）

ヒント　最後の段落《だんらく》をよく読もう。

1 次の文章を読んで、あとの問いに答えなさい。

ある日、ピサ大学では、朝からガリレオ教授《きょうじゅ》の今日の実験の話でもちきりでした。

「あのガリレオという男は、何か目だつことをして、もっと有名になりたいだけさ。」

「まあ、いい。①ガリレオの人気も今日までさ。実験に失敗して、②しっぽを巻《ま》いてこそこそとにげ出していくに決まっているよ。」

ガリレオは医学を勉強するために、十七才のとき、ピサ大学に入りましたが、やがて、医学より数学や物理学に深く興味《きょうみ》をもつようになりました。一五八三年、十九才で「ふりこの法則」を発見したといわれています。二十一才になったころには大学をやめて、一人で物理学の研究を始めました。

ガリレオは、ふりこを使って人の脈の速さを測《はか》る道具を発明したり、物の重心についての理論《りろん》を発表したりするなど、めざましい活やくを見せました。ガリレオの名はまたたくまにヨーロッパじゅうに広がり、第一級の天才科学者といわれるようになったのです。

⬇解答は74ページ

(1) ──①「ガリレオの人気」とありますが、ガリレオの活やくをみとめた人々は、ガリレオのことを何とよんでいましたか。それを示《しめ》す表現《ひょうげん》を文中から九字でぬき出しなさい。

(2) ──②「しっぽを巻いて」とありますが、「しっぽを巻く」の意味を次から選び、記号で答えなさい。

ア 負けをみとめる。　イ 体を丸める。

ウ 言いわけする。　エ 泣きわめく。

（　　）

ヒント 直後の「にげ出していくに決まっている」という表現に着目しよう。

(3) ──③「有名になったガリレオは、母校のピサ大学に二十五才という若さで教授にむかえられました」とありますが、ガリレオを有名にした研究としてあてはまらないものを次から選び、記号で答えなさい。

月　日

③有名になったガリレオは、母校のピサ大学に二十五才という若《わか》さで教授にむかえられました。しかし、ほかの教授のように、昔のえらい学者の意見を頭から信じて学生に教えるというようなことはしませんでした。

「確《たし》かに*アリストテレスはえらい学者だ。だからといって、諸君《しょくん》は、ほんとうかどうかわからないことまでも信じる必要はない。」

「先生、まさか、アリストテレスの言っていることに、うそはないでしょう。」

おどろいて聞き返す学生に、ガリレオは④ほほえみながら答えました。

「そうかね。アリストテレスは、重い物は軽い物よりも速く落ちると書いているが、わたしの観察では、これはまちがっている。」

「えっ。でも、重い物のほうが速く落ちるのは……。」

（中略《ちゅうりゃく》）

「諸君、正しいかどうかを決めるのは実験だ。わたしがそのまちがいを証明《しょうめい》してみせよう。諸君の目で、どちらが正しいか見きわめなさい。」

⑤大学の中は大さわぎになりました。

（岩崎《いわさき》　明《あきら》「近代科学の父―ガリレオ・ガリレイ」）

*アリストテレス＝古代ギリシアの哲学者《てつがくしゃ》。

ア　重い物は軽い物より先に落ちるという研究。
イ　ふりこを使って人の脈の速さを測る道具の研究。
ウ　物の重心についての研究。
（　　）

(4) ―④「ほほえみながら答えました」とありますが、このときの「ほほえみ」の説明として最も適切《てきせつ》なものを次から選び、記号で答えなさい。

ア　学生が話を聞いてくれない悲しみをかくすためのほほえみ。
イ　学生の意見に賛成《さんせい》する気持ちを表すほほえみ。
ウ　自信のなさをかくし、無理してつくっているほほえみ。
エ　自信に満ちあふれ、堂々としたほほえみ。
（　　）

ヒント ガリレオは自分の意見を正しいと思っているのかどうかを考えよう。

(5) ―⑤「大学の中は大さわぎになりました」とありますが、それはなぜか答えなさい。

（　　　　　　　　　　　　　　　　）

月　日

時間20分〔はやい15分おそい25分〕　合格80点　得点　点

↓解答は74ページ

1 次の文章を読んで、あとの問いに答えなさい。

わっかを一つだけとり、残りを床《ゆか》にばらばらとおとすと、ちなみはやおらわっかのなかに立ち、体をめちゃくちゃにゆらして、フラフープをまわしました。①何人かの女の子が、おなじことをはじめます。雪子ちゃんはあっけにとられ、ぽかんと口をあけました。

「やってみる?」

すぐそばで、りゅうが訊《き》きました。

「でもこのフラフープ、どう考えても大きすぎるね」

②それを聞くと、雪子ちゃんは心からほっとしました。見ているだけで目がまわりそうだったのです。

ボム、ボム、ボム、ボム。

耳に音が、足のうらに振動《しんどう》が伝わり、それはすこしはなれた場所で、けいすけがせいすけとボールをドリブルしている音でした。

雪子ちゃんはまわりを見まわしました。はしご形の遊具にのぼっている子どもや、つみあげられたマットの上にのっている子ども。

「あれはどうかしら」

(1) ——①「何人かの女の子が、おなじことをはじめます」とありますが、「おなじこと」とはどのようなことですか。三十字以内で答えなさい。(20点)

(2) ——②「それを聞くと、雪子ちゃんは心からほっとしました」とありますが、その理由として最も適切《てきせつ》なものを次から選び、記号で答えなさい。(20点)

ア 今まで通り、小さなフラフープを使えることになりそうで安心したから。

イ ちなみのように、フラフープをうまくまわせるようになるとわかり、うれしかったから。

ウ 見ているだけで目がまわりそうなフラフープをやらずにすんだと安心したから。

エ いつものようにりゅうが自分のことを気づかってくれることがうれしかったから。

(　　)

雪子ちゃんが見つけたのは、なわとびの三人組でした。二人がなわをまわし、一人がまんなかでとんでいます。とんでいるのはみわでした。とびあがるたびに、おかっぱ頭が顔のまわりではねます。

③「はいって、はいって」

雪子ちゃんとりゅうが近づくと、なわをまわしている二人が言いました。まずりゅうがとびこみます。

「はいって、はいって」

雪子ちゃんは片足《かたあし》を前にだし、体を前後にゆらしながら、なわの動きを目で追いました。息をすい、その息をとめて、なわがむこうにいった瞬間《しゅんかん》にとびこむと、

「一、二、三、四」

なわを持った二人が、声をそろえて数えてくれます。とびながら、④雪子ちゃんは壁《かべ》が上下するのを見ました。マットが上下し、マットの上の子どもたちが上下するのを。

「五、六、七」

そこで、りゅうがなわに足をひっかけ、こうたいになりました。⑤けれどだれも——ひっかかったりゅう自身でさえ——回数は気になりませんでした。

「とべたとべた。わたし、とべたわ」

小おどりしてよろこぶ雪子ちゃんが、あんまりたのしそうだったからです。

（江國《えくに》香織《かおり》「雪だるまの雪子ちゃん」）

(3) ——③「はいって、はいって」とありますが、これはだれの言葉ですか。文中から十一字でぬき出しなさい。（10点）

(4) ——④「雪子ちゃんは壁が上下するのを見ました」とありますが、

① このときとんでいる子どもたちの名前をすべてぬき出しなさい。（10点）

（　　　）

② 「壁が上下する」とはどういうことか説明しなさい。（20点）

（　　　）

(5) ——⑤「けれどだれも……気になりませんでした」とありますが、気にならなかった理由を説明しなさい。（20点）

（　　　）

↓解答は75ページ

月　日

1 次の文章を読んで、あとの問いに答えなさい。

夏の気候のちがいは、農業だけでなく、人々のくらしにもえいきょうをあたえています。

例えば、①家のつくり方も日本とヨーロッパとでは、かなりちがいます。

ヨーロッパでは、大まかにいって、家は冬にくらしやすいようにつくられることが多いようです。かべは厚《あつ》く、まどがせまくなっていて、家の中のあたたかさを外へにがさず、外の寒さが家の中に入ってこないようになっています。これは、夏がさわやかなのに対して、冬がたえがたく寒かったからだと思われます。

②これに対し、③日本では、昔から、家は夏にくらしやすいようにつくられてきました。古くからある民家を見ると、かべがうすいうえに、戸やしょうじを開け放つと、家の中をすずしい風が通りぬけるようにつくってあることがわかります。これは、日本では、熱帯地方なみの夏のむし暑さが、冬の寒さよりもたえがたかったからです。

（中略《ちゅうりゃく》）

また、夏休みの習慣《しゅうかん》も、日本とヨーロッパとでは、かな

(1) ――①「家のつくり方も日本とヨーロッパとでは、かなりちがいます」とありますが、日本とヨーロッパで何がちがうから、家のつくり方もちがうのですか。文中から二字でぬき出しなさい。

(2) ――②「これ」が指しているものを、文中の言葉を使って答えなさい。

（　　　　）

ヒント 日本の家と対比《たいひ》されているものは何かおさえよう。

(3) ――③「日本では、昔から、家は夏にくらしやすいようにつくられてきました」とありますが、なぜですか。その理由を述《の》べた一文をさがし、はじめの五字をぬき出しなさい。

りちがいます。

日本では、夏休みは、不快《ふかい》な暑さからくる体のつかれを回復《かいふく》させるためのものと考えられていますが、ヨーロッパの人々にとっては、一年じゅうで最も美しい、[　　]な季節に、日光浴を楽しむ「バカンス」なのです。

ですから、ヨーロッパの人々は、日本人には考えられないほど長い夏休みをとります。商店でも、官庁《かんちょう》でも、工場でも、みんな二十日ぐらいの休暇《きゅうか》をとって、夏という季節を楽しみます。真夏の官庁街《かんちょうがい》は、通る人のすがたがめずらしいぐらいに静まりかえっていることさえあります。

では、日本人は、これまで、なぜ、このような長い夏休みをとろうとはしなかったのでしょうか。
④理由はいろいろあるでしょうが、わたしは、日本が稲作《いなさく》の国であったからだと思います。日本の農家の人々は、この高い気温と高い湿度《しつど》のむし暑い夏をむしろ喜びとして、太陽の光を浴びながら労働に精《せい》を出してきました。米を作る人々にとっては、稲《いね》が花を開き、実をつける七月・八月は、田の草取りや病虫害のよぼうなどでいそがしい、大事な労働の季節だったのです。

（倉嶋《くらしま》　厚《あつし》「日本の夏、ヨーロッパの夏」

平成十二年度版教育出版「国語5上」）

(4) [　　]にあてはまる言葉を文中から四字でぬき出しなさい。

(5) ――④「理由はいろいろあるでしょうが、わたしは、日本が稲作の国であったからだと思います」とありますが、

① 「理由」とは、何の理由ですか。「日本人」「長い夏休み」という言葉を使って答えなさい。

（　　　　）

ヒント 「日本人」「長い夏休み」という言葉が使われている部分をうまく利用して言葉をつなげよう。

② 「稲作の国」であることが、なぜ①の理由になるのですか。次の[　　]にあてはまる言葉を、文中からぬき出しなさい。

・稲作を行う日本人にとって、夏は[　　]だから。

（　　　　）

23日 説明文・論説《ろんせつ》文を読む (2)

↓解答は75ページ

月　日

1 次の文章を読んで、あとの問いに答えなさい。

動物園内では、ひっきりなしに「食べ物を与《あた》えないでください」という放送が流れている。また、それぞれの展示《てんじ》コーナーでは、ほとんど一分間隔《かんかく》で「カメラのフラッシュはたかないでください」と係員が声を嗄《か》らしている。それでもパシャ、パシャ、とフラッシュが光るのだ。動物が目を傷《いた》める、人間のそばに来なくなってしまうと、くどいほど多くの場所に分かりやすい手描《が》きの看板《かんばん》が掲《かか》げてあっても、まるでお構《かま》いなし。①そういう観客があまりにも多い。

（中略《ちゅうりゃく》）

冬の季節に是非《ぜひ》とも見ておきたいのが②ホッキョクギツネだろう。

名前の通り北極圏《ほっきょくけん》のツンドラ地帯などに棲息《せいそく》していることのキツネは、体長五〇～六五センチというから、キタキツネなどよりも一〇～二〇センチほど小さい。夏の間は茶または灰色《はいいろ》の地味な色をしており、今ひとつピンと来ないのだが、これが冬には見事に純白《じゅんぱく》になる。雪に覆《おお》われた動物園の、寒風が吹《ふ》き抜《ぬ》けるお世辞にも贅沢《ぜいたく》とはいえない檻《おり》の中にいる、その純白でささやかな姿《すがた》は、思わず③息を呑《の》みた

(1) ——①「そういう観客」とありますが、どのような観客のことですか。次の あ ・ い にあてはまる言葉を、それぞれ文中からぬき出しなさい。

・禁止《きんし》されているにもかかわらず、 あ を与えたり、 い をたいて写真を写したりする観客。

あ（　　　）　い（　　　）

(2) ——②「ホッキョクギツネ」の説明として、最も適切《てきせつ》なものを次から選び、記号で答えなさい。

ア キタキツネよりも一〇～二〇センチほど大きい。
イ 北極では茶または灰色の毛になる。
ウ 冬には毛の色が純白になる。
エ 冬毛には防寒効果《ぼうかんこうか》があり、冬でも温かそうに見える。

（　　　）

ヒント ——②のあとの段落《だんらく》の内容《ないよう》に着目しよう。

(3) ——③「息を呑みたくなる」とありますが、ここでの意味として最も適切なものを次から選び、記号で答えなさい。

くなるほど美しい。

（中略）

　そのホッキョクギツネを飽《あ》きることなく眺《なが》めていたら、檻の前にいた親子連れが、何かの菓子《かし》を食べようと袋《ふくろ》を取り出した。カサカサと、菓子袋特有の音があたりに響《ひび》いたときである。それまでは檻の奥《おく》の方にいて、人間になどまるで興味《きょうみ》を示《しめ》さなかったホッキョクギツネが、ひょいひょい、とこちらへやってきた。真っ白い綿毛《わたげ》のような体毛に包まれた瞳《ひとみ》で、しばらくの間こちらを見ている。④まさか、と思った。

　そこで、キツネがよそを向いているときに、私《わたし》も似《に》たような袋の音を立ててみた。するとホッキョクギツネは、またやってくるのである。何度か繰《く》り返してみたが、同じだった。つまり、この美しい生き物は菓子袋の音を覚えている。私には、そう思えた。誰《だれ》かが菓子を与えたのだろうか、と。

　今、動物園はどんどん変わり始めているというのに、観客の意識《いしき》が低いままでは、どうしようもない。「いのち」はおもちゃではない。面白《おもしろ》半分で向き合う相手ではないということを、これから先、⑤どう理解《りかい》させていけば良いのか。これが、もっとも難《むずか》しい課題だろう。

（乃南《のなみ》アサ「いのちの王国」）

ア　悲しみのあまり声がでない。
イ　感動のあまり息を止める。
ウ　空気を呑むように深呼吸《しんこきゅう》をする。
エ　音を立ててつばを飲みこむ。

（　　）

(4) ――④「まさか、と思った」とありますが、「まさか」のあとに省略《しょうりゃく》されている筆者の思いとは何ですか。「のだろうか。」に続くかたちで、文中から二十字でさがし、はじめとおわりの五字をぬき出しなさい。

・□□□□□～□□□□□のだろうか。

ホッキョクギツネはなぜ筆者たちの方を向いたのかな。

(5) ――⑤「どう理解させていけば良いのか」とありますが、①だれに、②何を、理解させるのかを答えなさい。

① だれに（　　　　）に
② 何を（　　　　）を理解させる。

ヒント　筆者が「もっとも難しい課題」といっている内容《ないよう》は何か考えよう。

説明文・論説《ろんせつ》文を読む (3)

↓解答は76ページ

1 次の文章を読んで、あとの問いに答えなさい。

[1] ①ブナの森を形づくっているメンバーの大部分は落葉樹《らくようじゅ》です。木ぎは、秋になると②大量の葉をおとします。森の地表に厚《あつ》くしきつめられた落ち葉の上を歩くと、まるでスポンジの上を歩いているようです。この落ち葉を手でつかんでみると、カビくさいけれど、ほんのりしたあたたかさをかんじます。

[2] 落ち葉の層《そう》をもうすこしほりさげてみましょう。落ち葉が何層にもつみ重なっているのがわかります。そして、下になるほど葉の原形が失われ、やがて黒くてやわらかい土になっています。③いったいこの土はだれがつくったのでしょう。

[3] じつは〝森の下にはもう一つの森がある〟といわれるほど、落ち葉の層には多くの生物がいて、それぞれの役割《やくわり》をになっています。

[4] たとえば、せっせと落ち葉を食べ、かみくだくのはミミズ、ヨコトビムシ、ヒメフナムシ、ヤスデ。たおれた木の中には、ミヤマクワガタの幼虫《ようちゅう》がいます。落ち葉の上や土の中の動物の死体、ふんは、シデムシのなかまやゴミム

(1) ―①「ブナの森」についてまとめた次の[あ]～[う]にあてはまる言葉を文中からぬき出しなさい。

・大部分は[あ]である。
・[い]が植えたものではない。
・さまざまな[う]の木がある。

あ（　　　）　い（　　　）　う（　　　）

(2) ―②「大量の葉」とありますが、落ちた大量の葉の感触《かんしょく》を筆者は何にたとえていますか。文中から四字でぬき出しなさい。

□□□□

(3) ―③「いったいこの土はだれがつくったのでしょう」の「だれ」について説明した次の[あ]・[い]にあてはまる言葉を文中からそれぞれ五字でぬき出しなさい。

・[あ]にいる[い]。

あ □□□□□　い □□□□□

(4) ―④「倒木は土にかえります」とありますが、その過程《かてい》を説明した次の文を、順に記号でならべかえなさい。

シのなかまがかたづけます。土壌《どじょう》生物がくだいたものを、さらに細かく分解《ぶんかい》していくのはキノコやカビなどです。

5 こうして、大量の落ち葉は、養分たっぷりの土に生まれかわります。

6 森を歩くと、ところどころに寿命《じゅみょう》がつきようとしている老木を目にすることがあります。ブナの森は人間の手で植林して育てたものではありません。そのため、さまざまな年齢《ねんれい》の木があるのです。このような森は、とても健康な森だといわれます。それはどういうことなのでしょう。

7 ここに一本のブナの大木があるとします。大木はやがて寿命がつき、風で枝《えだ》や幹《みき》がおれます。傷口《きずぐち》から雨水がしみこみ、くさりはじめると、サルノコシカケやツキヨタケなどのキノコが顔をだします。またヤマアリなどの虫も巣食いはじめます。キツツキのなかまのアカゲラなどが巣食った虫をつつきだして食べてくれますが、やがてブナの大木は風でたおれ、地面にからだを横たえます。すると、こんどはナメコやナラタケなどのキノコが寄生《きせい》し、じょじょに分解《ぶんかい》していき、さいごに④倒木《とうぼく》は土にかえります。

8 落ち葉や老木はくさり、ゆたかな土が生まれます。その土は、老木のもとで出番をまっていた若木《わかぎ》を育てます。

9 こうして、⑤森はうまく世代交代をしていくのです。

（太田《おおた》 威《たけし》「ブナの森は緑のダム」）

ア 風でたおれ、地面にからだを横たえる。
イ 虫が巣食いはじめる。
ウ じょじょに分解していく。
エ 傷口から雨水がしみこみ、くさりはじめる。
オ 大木の寿命がつき、風で枝や幹がおれる。

（　）→（　）→（　）→（　）→（　）

(5) ――⑤「森はうまく世代交代をしていくのです」とありますが、「世代交代」について述《の》べている段落《だんらく》を二つさがし、番号で答えなさい。

（　）・（　）段落

(6) この文章の内容《ないよう》として最も適切《てきせつ》なものを次から選び、記号で答えなさい。

ア ブナの森は、全てが落葉樹でしめられているため、多くの落ち葉が足元をうめる。
イ キノコやカビが分解した落ち葉を、ミミズやヨコトビムシ、ヒメフナムシ、ヤスデなどの虫が食べる。
ウ 大量の落ち葉は、養分が豊富《ほうふ》な土に生まれかわることができる。
エ ブナの森は人間の手によって分解され、養分たっぷりの土に生まれかわる。

（　）

月　日

時間 20分【はやい15分・おそい25分】
合格 80点
得点　　点

↓解答は76ページ

1 次の文章を読んで、あとの問いに答えなさい。

[1] 人の体は左右対称《たいしょう》にできています。顔も手足も、左右が同じなのです。ですから、手のひらを合わせても、五本の指がぴったりと重なります。脳《のう》も、右と左に分かれています。肺《はい》や腎臓《じんぞう》も、左右にそれぞれあります。①シンメトリーの構造《こうぞう》なのです。

[2] ②もちろん、細かく見ていくと、人体は左右対称ではありません。心臓《しんぞう》や肝臓《かんぞう》の位置は、右や左に偏《かたよ》っています。肺だって、よーく調べてみると、右は三つの、左は二つの「葉《よう》」という部分からできています。右は三つ、左は二つで、違《ちが》うのです。右腕《みぎうで》と左腕も、前にまっすぐ伸《の》ばすと、長さが微妙《びみょう》に違います。完璧《かんぺき》な「合掌《がっしょう》」ができるわけではなく、すこし歪《ゆが》んでしまうのです。

[3] 顔もそうです。顔の写真を使って、簡単《かんたん》な実験をしてもわかります。ちょうど左右対称の軸《じく》のところに鏡を置いて、顔の右半面か左半面だけで顔にしてみると、そこにはぜんぜん違った顔が現《あらわ》れます。友だちと鏡の前に一緒《いっしょ》に立って、その顔を見ると、鏡に映《うつ》っているのは、いつもの友だちとは違う顔であることに気づくでしょう。□が

(1) この文章は何について述《の》べていますか。次の□にあてはまる言葉を文中から六字でぬき出しなさい。(20点)

・□があるものには魅力がある、ということ。

□□□□□□

(2) ——①「シンメトリー」と同じ意味をもつ言葉を、文中から四字でぬき出しなさい。(10点)

□□□□

(3) ——②「もちろん、細かく見ていくと、人体は左右対称ではありません」とありますが、そのことについて具体的に述べている段落《だんらく》をすべてさがし、番号で答えなさい。(10点)

(　　　　)段落

(4) □にあてはまる言葉を漢字二字で答えなさい。(10点)

□□

完璧に対称でないから、その顔の像《ぞう》を反転すると、印象が違ってしまうのです。

4 ＊③『モナリザ』に話を戻《もど》しましょう。

5 この『モナリザ』さん、体をひねって、左右対称を壊《こわ》すようなポーズをしているから、「生きている」感じや、もっといえば「美」に通じる何かがそこに付与《ふよ》されている、といえるわけです。

6 そこで次に『モナリザ』の「顔」を見てみましょう。すこし斜《なな》め方向を向いていますが、視線《しせん》はこちらに向けて、ちょっと微笑《ほほえ》んでいます。でも、どこか不思議な感じがしませんか。私《わたし》には、微笑んでいる顔なのに、どこか無表情《むひょうじょう》な何かが、『モナリザ』さんの顔には、あるように思えて仕方がないのです。

（中略《ちゅうりゃく》）

7 よーく見ると、『モナリザ』の顔は、いろんな角度から見た顔が、合成されて一つの顔として描《えが》かれているのです。

8 ここにも、ある意味での「対称性《たいしょうせい》の破《やぶ》れ」があります。どうやら、『モナリザ』の絵画としての魅力《みりょく》は、そういうトリックによって作られているようなのです。

（布施英利《ふせひでと》「美の方程式《ほうていしき》―美＝完璧×破れ」）

＊モナリザ＝レオナルド・ダ・ヴィンチによって描かれた女性の絵画。

(5) ――③「『モナリザ』に話を戻しましょう」とありますが、『モナリザ』について説明した、次の[あ]～[う]にあてはまる言葉を文中からそれぞれぬき出しなさい。なお、[い]は五字以内の言葉が入ります。（10点×3―30点）

・『モナリザ』は、「体」が[あ]でないポーズをとっているところに、「生きている」感じや「美」に通じる何かがある。

・『モナリザ』の「顔」が、どこか[い]に見えるのは、実は『モナリザ』の顔が[う]を合成して描かれているからだ。

あ（　　　）　い（　　　）

う（　　　）

(6) この文章の内容《ないよう》として最も適切《てきせつ》なものを次から選び、記号で答えなさい。（20点）

ア 人体のさまざまな部分の中で、顔のみがシンメトリーの構造となっている。

イ 人の顔は完璧に対称ではないが、その顔の像を反転しても印象は違わない。

ウ 『モナリザ』のモデルは、「美」に通じるポーズとは何か、よく理解《りかい》している。

エ 『モナリザ』の絵画の魅力は、顔や体がシンメトリーでないところにある。

（　　）

➡解答は77ページ

月　日

1 次の詩を読んで、あとの問いに答えなさい。

□

こわせたまみ

心って　ふしぎ
ちいさな　ぼくの　ちいさな　胸《むね》の
どこかに　あるって　いうのに　ふしぎ
考える
ただ　それだけで　なんでも　はいる
どんなに　大きな　ものだって　はいる
考える　考える　考える　考える……
――ほうら　心の　心の　中に
　大きな　大きな　けしきが　うかぶ
　それより　大きな　青空　光る
心って　ふしぎ
ちいさな　ぼくの　ちいさな　胸の
どこかに　あるって　いうけど　すてき

(1) □にはこの詩の題名が入ります。最も適切《てきせつ》なものを次から選び、記号で答えなさい。

ア 心ってふしぎ　イ ないないカラッポ！
ウ ちいさなぼく　エ 未来の宇宙

（　　）

ヒント 一番多くくり返されている言葉に着目しよう。

(2) この詩を、三つのまとまりに分けたいと思います。

① 二つ目のまとまりの、はじめとおわりの五字をぬき出しなさい。なお、空白の部分はふくみません。

・□□□□□～□□□□□

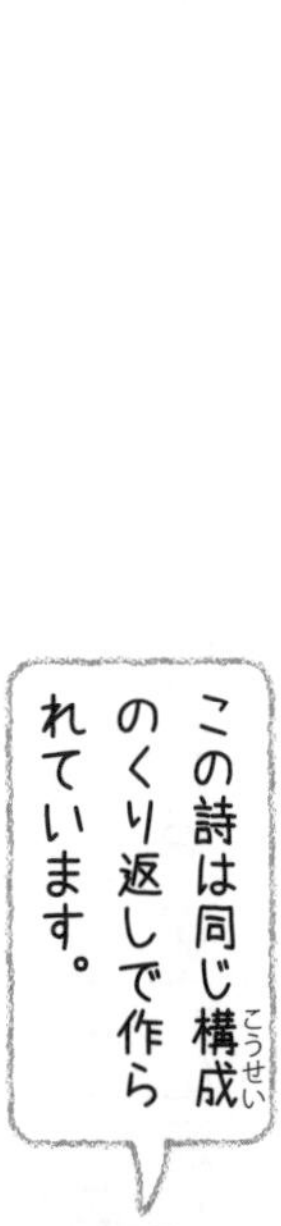
この詩は同じ構成《こうせい》のくり返しで作られています。

② 三つのまとまりは、それぞれどのような内容《ないよう》について書かれていますか。次の【二つ目のまとまり】に書かれている

考える
ただ　それだけで　なんでも　見える
どんなに　未来の　ことだって　見える
考える　考える　考える　考える……
――ほうら　心の　心の　中で
　未来の　未来の　地球が　まわる
　それより　未来の　宇宙《うちゅう》が　もえる
心って　ふしぎ
考えなけりゃ
ほうら　なんにも……
ない　ない　カラッポ！

文を参考にして、二つ目のまとまりと三つ目のまとまりの内容をまとめなさい。

【一つ目のまとまり】
・心は、どんなに大きなものでも思いうかべることができるからふしぎだ。
【二つ目のまとまり】
（　　　　）
【三つ目のまとまり】
（　　　　）

(3) この詩の作者が伝えたいこととして最も適切なものを次から選び、記号で答えなさい。
ア 心の中で考えたことは、いつか本当になるかもしれないということ。
イ 心の中は、本当はからっぽでつまらないものだということ。
ウ 実際《じっさい》に空やけしきを見るよりも、考えることのほうがよいということ。
エ 考えさえすれば、心の中には、どんなものであっても存在《そんざい》することができるということ。
（　）

月／日

1 次の詩を読んで、あとの問いに答えなさい。

青空色のハンカチ

高木《たかぎ》あきこ

①きみがくれた　青空色のハンカチ
ぼくは　いつも　ポケットに入れている
いやなことがあったときは
そのハンカチをにぎりしめる
心が重くかたまりそうなときは
②そのハンカチで　そっと心をくるむ

小さい四角いハンカチ
その布《ぬの》きれ分のa青空が
ぼくの心にひろがると
どこからか　③さわやかな風がふいてくる
ぼくの悩《なや》みは
風にのって　流れていってしまう

↓解答は77ページ

(1) ――①「きみ」とはどのような人ですか。「転校」という言葉を使って答えなさい。

（　　　　）

(2) ――②「そのハンカチで　そっと心をくるむ」とありますが、このときの様子を説明したものとして最も適切《てきせつ》なものを次から選び、記号で答えなさい。

ア「きみ」からもらったハンカチをにぎりしめて、平常心を取りもどそうとしている様子。

イ「きみ」のことを思い出して、悲しい気持ちをいやして前向きになっている様子。

ウ「きみ」のことを考え、会えないつらさにうちひしがれている様子。

エ「きみ」にもらったハンカチでなみだをふいて元気をだそうとしている様子。


（　　）

ヒント「心をくるむ」という言葉に着目しよう。

きみ　ありがとう
④きみは　だいじょうぶ？
転校生のきみに
みんなはやさしくしてくれるだろうか
引っ越《こ》してった　きみの頭の上にも
b青い空はひろがっているだろうか
ぼくは　四角いc青空の奥《おく》で
きょうも　きみの笑顔《えがお》に出会った

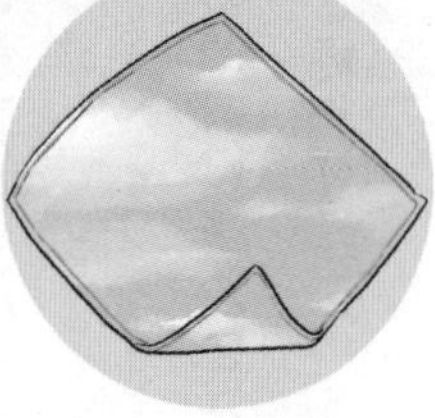

(3) ――③「さわやかな風」とありますが、「ぼく」にとって同じ効果《こうか》をもつと考えられるものを、詩の中から五字でぬき出しなさい。

□□□□□

(4) ――④「きみは　だいじょうぶ？」と言ったのはなぜですか。次の あ ・ い にあてはまる言葉を詩の中からそれぞれぬき出しなさい。

・転校していった あ に、新しい学校のみんなが い してくれているかが心配だったから。

あ（　　）
い（　　）

(5) 〰a〜c「青空」「青い空」のなかで、一つだけ表すものがちがうものを記号で答えなさい。

（　　）

ヒント「青空」「青い空」が何を意味するのかを読み取ろう。

28日

短歌・俳《はい》句《く》を読む

↓解答は78ページ

月　日

1 次の短歌や俳《はい》句《く》を読んで、あとの問いに答えなさい。

A　さくらさくらさくら咲《さ》き初《そ》め咲き終わり
なにもなかったような公園
俵《たわら》　万智《まち》

B　君がまだ知らぬゆかたをきて待たむ(ん)
風なつかしき夕《ゆう》べなりけり
馬《ば》場《ば》あき子

C　団栗《どんぐり》はまあるい実だよ樫《かし》の実は
帽子《ぼうし》があるよ大事なことだよ
小島《こじま》ゆかり

D　体温計くわえて窓《まど》に額《ひたい》つけ
「ゆひら」とさわぐ雪のことかよ
穂村《ほむら》　弘《ひろし》

E　もう一つこの街の下にある街へ
傘《かさ》を閉《と》ぢ(じ)つつ段《きだ》下りゆく
香川《かがわ》ヒサ

(1) A～Eについて次のように説明しました。次の[　]にあてはまる言葉を漢字二字で答えなさい。

・A～Eは、基本的《きほんてき》に五七五七七の三十一音でつくられ、[　]とよばれる。

[　　]

(2) Dの「ゆひら」は、ある言葉を言おうとして、うまく言えなかったことを表しています。何と言おうとしたのかをひらがな三字で答えなさい。

[　　　]

(3) 次の①・②にあてはまるものをA～Eから選び、記号で答えなさい。

① 話し言葉で書かれている。(二つ答えること)　(　　)(　　)

② 季節を読み取ることができない。　(　　)

ヒント 季節は、植物の名前などに着目して考えます。

F　赤い椿《つばき》白い椿と落ちにけり　　河東碧梧桐《かわひがしへきごとう》

G　空をゆく一《ひ》とかたまりの花吹雪《はなふぶき》　　高野素十《たかのすじゅう》

H　夏草や兵《つわもの》どもが夢《ゆめ》の跡《あと》　　松尾芭蕉《まつおばしょう》

I　月の夜《よ》や石に出て鳴くきりぎりす　　加賀千代女《かがのちよじょ》

J　海に出て木枯《こがらし》帰るところなし　　山口誓子《やまぐちせいし》

(4) F～Jについて次のように説明しました。次の[　]にあてはまる言葉を、漢字三字で答えなさい。

・F～Jは、基本的に[　]の十七音でつくられ、俳句とよばれる。

ヒント　A～Eの場合は「五七五七七」です。

[　　　]

(5) G・H・Iについて次のように説明しました。次の[あ]～[う]にあてはまる言葉を、あとからそれぞれ選び、記号で答えなさい。

・Gは、春に満開の[あ]が散るときのダイナミックな美しさについて表した俳句である。

・Hは、「かつては兵士たちが争いあっていた場所も、今はあとかたもなく夏草におおわれてしまった」と、[い]に思いをめぐらせている俳句である。

・Iは、一匹《いっぴき》の「きりぎりす」の声が[う]月の夜によく聞こえる様子をよんだ俳句である。

ア　さくら　　イ　ひまわり　　ウ　雪　　エ　今
オ　未来　　カ　過去《かこ》　　キ　静かな　　ク　にぎやかな

あ（　　）　い（　　）　う（　　）

↓解答は78ページ

月／日

1 次の文章を読んで、あとの問いに答えなさい。

＊御前《おまえ》なる獅子《しし》・狛犬《こまいぬ》、背《そむ》きて、後《うしろ》さまに立《た》ちたりければ、上人《しょうにん》、①いみじく感じて、「あなめでたや。この獅子の立ち様《よう》、いとめづ《(ず)》らし。②深き故《ゆえ》あらん」と涙《なみだ》ぐみて、「いかに殿原《とのばら》、殊勝《しゅしょう》の事は御覧《ごらん》じ咎《とが》めずや。無下《むげ》なり」と言へ《(え)》ば、おのおの③怪《あや》しみて、「まことに他《た》に異《こと》なりけり」、「都《みやこ》のつとに語らん」など言ふ《(う)》に、上人、なほ《(お)》④ゆかしがりて、おとなしく、物知りぬべき顔したる神官《じんがん》を呼《よ》びて、「この御《み》社《やしろ》の獅子の立てられ様、定めて習ひ《(い)》ある事に侍《はべ》らん。ちと承《うけたまわ》らばや」と⑤言は《(わ)》れければ、「その事に候《そうろ》ふ《(う)》。さがなき童《わらわべ》どもの仕《つかまつ》りける、奇怪《きかい》に候ふ《(う)》事なり」とて、さし寄《よ》りて、据《す》ゑ《(え)》直して、往《い》にければ、上人の感涙《かんるい》いたづ《(ず)》らになりにけり。

（兼好法師《けんこうほうし》「徒然草《つれづれぐさ》二百三十六段《だん》」）

＊御前＝出雲大社の前

(1) ——①「いみじく」の意味を、【現代語訳】の中からぬき出しなさい。

（　　　）

(2) ——②「深き故あらん」の訳が、【現代語訳】の□に入ります。あてはまる言葉として最も適切《てきせつ》なものを次から選び、記号で答えなさい。

ア 深いわけがあるわけがない
イ 深いわけはなさそうだ
ウ 深いわけがあると聞いた
エ 深いわけがあるのだろう

（　　　）

ヒント 上人の言葉に着目しよう。

(3) ——③「怪しみて」の意味を、【現代語訳】の中からぬき出しなさい。

（　　　）

【現代語訳《げんだいごやく》】

出雲大社の拝殿《はいでん》の前にある獅子《しし》や狛犬《こまいぬ》は、（普通《ふつう》は向き合って置かれているはずなのに）背中《せなか》合わせで、後ろ向きに立っていた。これを見た上人は、たいそう感心して、「ああ、なんとすばらしいことだ。この獅子の立ち方はたいへんめずらしい。何か［　　］」と涙ぐんで、「みなさん、こんなめずらしいことに気づかないのですか。残念なことです」と言うので、みなそれぞれ不思議がって、「たしかに他の立ち方とはちがっているなあ」「都へのみやげ話にしましょう」と言うと、上人は、いっそうその理由を知りたいと思い、年配で物事をよく知っているだろう顔をした神官をよんで「この神社の獅子の立て方には、何か特別な理由があるのでしょう。ちょっとお聞きしたいものです」とおっしゃったところ、「そのことでございます。いたずらな子どもたちがしたのですよ、けしからんことでございます」と言って、（獅子と狛犬の所に）近寄《ちかよ》って、正しい方向に置き直して行ってしまったので、⑥上人の涙は無駄《むだ》になってしまった。

(4) ――④「ゆかしがり」とありますが、何を「ゆかしが」ったのか答えなさい。

（　　　　　　　　）

まずは「ゆかしがり」の意味を【現代語訳】からさがして考えよう。

(5) ――⑤「言はれければ」とありますが、この言葉の主語を【現代語訳】の中から二字でぬき出しなさい。

［　　］

ヒント 話の流れを整理して、だれの発言かを確認《かくにん》しよう。

(6) ――⑥「上人の涙は無駄になってしまった」とありますが、なぜ無駄になってしまったのですか。次の［あ］・［い］にあてはまる言葉を答えなさい。

・上人は、獅子と狛犬の立ち方には何か［あ］があるのだろうと思って涙を流したのに、実はただの［い］だとわかったから。

あ（　　　　）

い（　　　　）

月　日

時間 20分〔はやい15分・おそい25分〕
合格 80点
得点
点

↓解答は79ページ

❶ 次の詩を読んで、あとの問いに答えなさい。

水のなか

阪田寛夫《さかたひろお》

水のなかにいると
①さかなだった時のこと
思い出す
くねって　もぐる
うねって　はねる
そんなにうまくいかないね
②忘《わす》れてしまって人間になって
何億年もたったんだ
すると　ぼく　ことし
二億プラス　十一歳《さい》
つい　すーい　ざぼざばん
なつかしの国めざして

(1) ――①「さかなだった時」とありますが、このときにできていたことを、詩の中から二つぬき出しなさい。(10点×2―20点)

（　　　　）
（　　　　）

(2) ――②・③「忘れてしまって」は、それぞれ何を忘れてしまったのでしょうか。詩の中から②十字と③十一字でぬき出しなさい。(10点×2―20点)

②
③

ヒント ――②・③それぞれの前の部分に着目しよう。

(3) □にあてはまる言葉を、詩の中から二字でぬき出しなさい。(15点)

水のなかにいると
おなかのなか泳いだこと
思い出す
くねって　もぐる
うねって　はねる
③こいつはじょうずにできそうだ
忘れてしまって赤《あか》ん坊《ぼう》になって
まだ十一年たっただけ
すると　ぼく　ことし
十月《とつき》プラス［　　］歳
つい　すーい　ざぼざばん
ひかりのしぶきめがけて

(4)「つい　すーい　ざぼざばん」は何をしていることを表す表《ひょう》現《げん》か答えなさい。（15点）

（　　　　　　　　　　）

(5) この詩の表現の方法について述《の》べたものとして最も適切《てきせつ》なものを次から選び、記号で答えなさい。（15点）

ア　人でないものを人のように表現している。
イ　言葉や表現がくり返されている。
ウ　具体的な地名などを使って表現している。
エ　動作を表す言葉をはぶいて表現している。

（　　）

(6) この詩の説明として最も適切なものを次から選び、記号で答えなさい。（15点）

ア　この詩は十一歳の夏を思って書かれた詩である。
イ　作者が泳ぐのが得意なことをじまんする詩である。
ウ　子どものころにくらべうまく泳げなくなったせつなさを表した詩である。
エ　赤ん坊のころをなつかしく思っている詩である。

（　　）

ヒント 詩全体をよく読み、何がどこに書かれているかを確《たし》かめよう。

進級テスト

月　日

時間 25分［はやい20分・おそい30分］

合格 80点

得点　点

1 次の文章を読んで、あとの問いに答えなさい。

「鈴木《すずき》くん、読んでくれる？」

①先生から嬉《うれ》しそうに頼《たの》まれて、幸三《こうぞう》はいやとは言えなかった。おずおずといすを引く。

「おっ」

「ひゃっ」

おもしろがっているような声がした。剛《たけし》たちだろう。忍《しの》び笑いが広がった。

幸三は、②それをふりはらうように立ちあがった。

いける。

もう一度③言いきかせてみたが、胸《むね》がどきどきしてきた。心臓《しんぞう》が、飛び出してきそうなほどに早く打っている。少しだけ期待していた幸三は、口をゆがめた。やっぱりいつもと同じだ。このまま息が苦しくなると、今日もなみだが出てしまうのだろう。

だが、息は苦しくならなかった。そのかわり、自分でもまったく意外なことが起こった。おなかの底から、とつぜん、熱いなにかがわきあがってきたのだ。わきあがってきたものは、幸三の口をついて爆発《ばくはつ》した。

(1) ——①「先生から嬉しそうに頼まれて、幸三はいやとは言えなかった」とありますが、このときの幸三の気持ちとして最も適切《てきせつ》なものを次から選び、記号で答えなさい。(10点)

ア 音読を練習してきた成果を発揮《はっき》できると思い、張《は》り切っている。

イ 先生に指名してもらったことが嬉しくて、やる気に満ちあふれている。

ウ 剛たちにばかにされたくないと、闘争心《とうそうしん》をむき出しにしている。

エ 苦手な音読をしなければならなくなり、うまくできないのではないかと不安になっている。

（　　）

(2) ——②「それ」とは何を指していますか。文中から四字でぬき出しなさい。(10点)

□□□□

(3) ——③「言いきかせてみた」とありますが、幸三が自分に言いきかせている言葉を文中から二つぬき出しなさい。

↓解答は79ページ

「どりゃあーっ」

④幸三は大声で叫《さけ》んでいた。それは、ろう下側のすりガラスまでもふるえるような大声で、教室は静まりかえった。

幸三は目を見開いた。自分でも、なぜこんな声が出たのかわからない。けれども、⑤不思議なことに、声を出したとたん、すとんと気持ちが落ちついた。

幸三は、ゆっくりと教科書を読みはじめた。音読はもともと不得意だし、練習もしていないからまったく自信はなかった。実際《じっさい》、たどたどしかった。それでも一生懸命《けんめい》文字を追った。なみだは出ない。胸の鼓動《こどう》もおさまっている。

大丈夫《だいじょうぶ》。

ちゃんときこえる自分の声をたしかめながら、文章を読んだ。

「はい、そこまで。鈴木くん、がんばったわね」

先生はにっこりし、幸三は顔をあげた。教室のあちこちから、拍手《はくしゅ》が起こり、幸三は小さくこぶしをにぎった。

⑥あの日から、幸三はむやみに泣かなくなった。一度泣かずに教科書が音読できると、つぎからは平気になった。それが自信になったのか、授業中《じゅぎょうちゅう》、ちゃんと黒板や先生の顔を見られるようになった。すると、授業の内容《ないよう》がわかるようになり、自ら手をあげて、意見を言うこともできるようになった。

（まはら三桃《みと》「なみだの穴」）

（　　　）（　　　）（5点×2―10点）

(4) ――④「幸三は大声で叫んでいた」とありますが、それはなぜか答えなさい。（10点）

（　　　　　　　　）

(5) ――⑤「不思議なことに、声を出したとたん、すとんと気持ちが落ちついた」とありますが、「落ちついた」ことがわかる部分を文中から十二字以内で二つぬき出しなさい。（10点×2―20点）

□□□□□□□□□□□□

□□□□□□□□□□□□

(6) ――⑥「あの日から、幸三はむやみに泣かなくなった」とありますが、「あの日」のあとの幸三について説明した内容として最も適切なものを次から選び、記号で答えなさい。（10点）

ア　剛たちにきちんと自分の気持ちを伝えた。
イ　音読ができなかったことを気にしていた。
ウ　先生に気に入られるようになった。
エ　自分に自信が持てるようになった。

（　　）

2 次の詩を読んで、あとの問いに答えなさい。

くるみ

武《ぶ》鹿《しか》悦《えつ》子《こ》

くるみを食べるとき
思います
こんなにも□殻《から》を秋ごとにつくる
くるみの木のいのちの強さを

殻を割《わ》れば
果《み》は
炎《ほのお》のかたちの＊揺籃《ようらん》に入っていて

くるみの木に
どんなに美しい春の日があったのだろうかと
思ったりして

＊揺籃＝ゆりかご

(1) □にあてはまる言葉として最も適切なものを次から選び、記号で答えなさい。(10点)

ア 冷たい　イ しっとりとした
ウ 堅《かた》い　エ めんどうくさい

（　　）

(2) 作者は「くるみ」の何を伝えるためにこの詩をつくったのですか。詩の中から六字でぬき出しなさい。(10点)

□□□□□□

(3) この詩の内容として最も適切なものを次から選び、記号で答えなさい。(10点)

ア 作者は、くるみが秋になって殻をつくるまでの一年に思いをめぐらせている。
イ 作者は、くるみの殻よりも、果のかたちに注目している。
ウ 作者は、くるみのようにゆりかごにつつまれて春を過《す》ごしたいと思っている。
エ 作者は、くるみの形をとても気に入っているが、味はあまり好きではない。

（　　）

解答

読解力5級

● 1日 2・3ページ

1 (1)ウ
(2)ア
(3)イ
(4)シグナル
(5)(例)その犬はあまり鼻がきかない。

考え方

1 (1)「用をなさない」は、「役に立たない・そのものの働きをしない」という意味です。
(2)ここでの「せつない」は、「悲しさなどで、胸がしめつけられるような思いがする」という意味です。同じように「思い」を「せつない」と表したアが正解《せいかい》です。
(3)「草いきれ」は、夏に草のしげみから立ちのぼる熱気のことです。
(4)「匂いや香り」が動物にとってどのような意味で重要であるかを示《しめ》す言葉が入ります。次の段落《だんらく》の最後に、「花から動物へ送るシグナルとして……香りは重要なのです」と書かれています。「シグナル」は「信号・合図」という意味をもつ言葉です。
(5)「きかない」はここでは「本来の機能《きのう》を十分に発揮《はっき》できない」という意味で使われています。「鼻がきかない」や、「手足の自由がきかない」などの用いられ方をします。

チェックポイント　言葉の意味
ふだんから、わからない言葉を国語辞典で調べる習慣《しゅうかん》をつけ、言葉の引き出しを増《ふ》やしておくこと。わからない言葉に出合ったら、「この文章はどのような意味かな」と考えるとよいです。

● 2日 4・5ページ

1 (1)ウ
(2)長野県の伊那谷
(3)エ
(4)(あ)白いタヌキ(アルビノタヌキ)
(い)捕まえてほしい
(5)野生状～という(心ない人々。)

考え方

1 (1)直前に「白い毛並みのもの」とあり、直後に「色素がなくなって生まれてきたタヌキ」とあることから、これらをまとめたウが正解《せいかい》となります。
(2)同じ段落の最初の一文に、「このタヌキは1991年ごろ、長野県の伊那谷で見つけた」とあることから、場所は「長野県の伊那谷」だとわかります。
(3)――③の前の段落に、「遺伝子的に弱いものがあるから、あまり長生きできない」「ときには仲間はずれにもされる」と、心配事が書かれていますが、実際にはそのようなことはなく、ふつうのタヌキを威嚇したり威張ったりすることもあったと書かれています。
(4)――④の前の部分に、理由となることが書かれています。白いタヌキを見せ物にしようとする人があとを絶たなかったせいで、白いタヌキは次々と捕まってしまい、今はまったく見られなくなってしまったという流れをおさえます。
(5)――⑤直前の文の「野生状態で貴重な生態を見せてくれていたタヌキを、いとも簡単に捕まえて剝製にしてしまうという」心理の人々を指して、筆者は「心ない」とつなげているのです。

チェックポイント　指示語をおさえる
指示語は前の内容を指していることが多いため、まず指示語の直前の部分を読むこと。そこからひとつ前の文、同じ段落、というように、さがす部分を広げて読み進めます。

● 3日 6・7ページ

1 (1)ウ
(2)ア
(3)エ
(4)④ア　⑤イ
(5)しています。

考え方

1 (1)「とはいっても」は「ただし」と同じはたらきをします。前のことがらにやや反することを、あとの文で加えるときに用いられる接続語《せつぞくご》です。

(2)——②の「また」は、前後のことがらを対等に並《なら》べて表します。アは「医師」と「登山家」が対等に並べられているので正解《せいかい》となります。

(3)③の前では、ロボットができることを述《の》べています。③のあとでは、それができなくなったらどうするのかということを述べています。「できる」「できなくなる」という反対のことを、前後の文で述べていることになるので、「しかし」が答えになります。

(4)「そして」は前のことがらにつけ加えるはたらきがあります。「つまり」は前のことがらを言いかえるはたらきがあります。

(5)ぬけている一文が「つまり」から始まっている点に着目します。(4)でも述べたように、「つまり」は前のことがらを言いかえるはたらきがあります。よって、この一文は、何かを「病気になったり、怪我をしたりする」ことだと言いかえているのです。これをふまえてあてはまる部分をさがすと、最後から二段落《だんらく》目の「とはいえ、生き物の身体もよく故障を起こしています」のあとに入れるのがふさわしいとわかります。

チェックポイント　接続語をおさえる
接続語のはたらきを判断《はんだん》するためには、その前後の内容を読み比べて、文章の流れを理解することが大切です。

● 4日 8・9ページ

1 (1)①オ　④ア
(2)ニワトリやダチョウ
(3)あ水平　い垂直
(4)ア
(5)ウ
(6)エ

考え方

1 (1)①は、前の部分で「ヒトというものは二本あしで歩くものとされてきました」と述《の》べ、そのあと、「二本あしで歩くのはヒトだけでしょうか?」という問題提起《ていき》をしています。新しい問題へと話題が移っているので、話題を変える「ところで」が入ります。④は、前の部分でトリの歩く姿を説明し、あとで、「顔をあげて、正面をむき、二本のあしで歩く」と歩き方の説明を加えています。前のことがらに説明を加える「そして」が入ります。

(2)指示語《しじご》は前の内容を示《しめ》していることが多いので、前の文章に着目します。

(3)トリの歩き方は、次の段落《だんらく》でくわしく述べられています。その二つあとの段落に「ヒトが歩くときは、胴体をまっすぐ垂直に立てています」とあるので、この二か所に着目します。

(4)——⑤とアは、「非常に」「とても」などと同じく物事の度合いがふつうでないことを示します。

(5)「おどける」は、こっけいなことを言ったり、したりすることです。

(6)最後から二番目の段落に「トリのなかにも、胴体を垂直に立てているものがいます。それはペンギンです」とあるので、エが正解《せいかい》です。

チェックポイント　前後の関係をおさえる
接続語《せつぞくご》、指示語などをしっかりとおさえることで、文と文や、段落と段落の関係をつかみ、文章の流れをおさえます。

● 5日 10・11ページ

1 (1)プロのカメラマンのような仕事がしたい
(2)ア
(3)イ
(4)ウ
(5)イ

考え方

1 (1)——①の直前に着目します。
(2)「声がはずむ」は、うれしさや楽しさが声に表れている様子のことです。
(3)あとで電話の相手の気持ちを察した龍平さんが「だめだったら、そのときはあきらめます」と言っています。ここから必ず写真が採用されると約束されてはいないことがわかります。「……」には、写真が採用されると約束できないことを伝えにくいという思い、採用できないかもしれないのにわざわざ撮ってもらうのが申し訳ないという思いがこもっています。
(4)——④の「だめだったら」は、龍平さんが撮った写真が、カレンダーの写真として採用されなかったらという意味です。結果として採用されなくても、自分の撮った写真を一度見てほしい、という龍平さんの心情《しんじょう》に最も近いウが正解《せいかい》です。
(5)もしかしたら「自分の写真が採用されるかもしれない」と龍平さんが思っていることから、これからの仕事に期待していることが読み取れます。よってイが正解です。

チェックポイント 心情を読み取る
登場人物がどのような心情なのかを考えながら物語を読み進めます。「うれしい」「悲しい」などと直接《ちょくせつ》書かれていなくても、言動などから読み取ることができます。

● 6日 12・13ページ

1 (1)ウ
(2)さっき…イ
今…エ
(3)(あ)こっちにこないで(見つかりませんように)
(い)笑いだしたくて
(4)ア
(5)体の中からこみあげてくる笑顔

考え方

1 (1)この文章に登場する人物は、「西村さん」と「雅子先生(=田島先生)」の二人です。直後の段落《だんらく》に、「教室の中を歩く西村さんの運動靴の音」とあることから、掃除道具戸棚にかくれているのは、雅子先生であることがわかります。
(2)第一段落に「見つかりませんように。心の中で祈った」とあります。ここから、「さっき」の胸のどきどきは、見つかりたくないという気持ちであることがわかります。しかしそのあと雅子先生の気持ちは「もしも、いま、突然戸棚の戸をあけて出ていったら、西村さんはどんなにおどろくだろう。……なぜか顔が笑ってしまう」と変化します。
(3)——③の直前に着目します。
(4)「目をむく」は、おどろいたりおこったりしたときに目を大きく見開くことです。
(5)——⑤の直前に「もう、てれ笑いではなく、体の中からこみあげてくる笑顔で、いった」とあります。

チェックポイント 心情のうつり変わり
物語が進むにつれて、登場人物の心情がどのように変化していくかをおさえます。心情に合わせて、行動や表情も変化する点をおさえるとよいです。

● 7日 14・15ページ

1 (1)(あ)利用 (い)輸入される穀物
(2)イ・ウ(順不同)
(3)外来種は、~ものが多い(から。)
(4)・(例)定着した外来種は、いくつもの難関をのりこえることができた強い生物だから。
・(例)原産地でその生物を悩ませる病原菌や天敵などをともなわず新天地に入ってくるから。(順不同)

(5)(例)侵略的外来種と在来種は進化の歴史を共有していないため、その関係が進化的に調整されていないから。

考え方

1 (1)――①をふくむ一文に、外来種が「利用のためにもちこまれたり、大量に輸入される穀物などにまざって、……入ってくる機会がふえてきました」とあります。

(2)第二段落《だんらく》に「利用のために……入ってくる機会がふえてきました」とあります。また、――②の直前に「そこは、在来の生物が生活しにくい場所であり、外来の生物が入りこむ余地がふんだんにあります」とあります。「そこ」とは、「市街地や近代的に整備された農地など、人間活動の影響を強くうける土地」のことです。この二点が――②の理由となります。

(3)「外来種は、よく似た在来の生物とくらべると、競争に強く、さかんに繁殖するものが多い」という部分が答えになります。

(4)――④の前の段落《だんらく》の最後に「外来種として……定着した種は、いくつもの難関をのりこえることができた強い生物であるといえるでしょう」とあります。さらに、――④と同じ段落で「原産地でその生物を悩ませる病原菌や天敵などをともなわずに新天地に入ってくる」ことが、理由の二つ目に挙げられています。

(5)――⑤のあとに「進化の歴史を共有していないため、その関係が進化的に調整されていないことによります」と書かれています。

チェックポイント　原因・理由をつかむ

文章中で原因や理由が述《の》べられている部分では、「なぜなら〜」や「〜から」という表《ひょう》現《げん》が用いられることが多いので手がかりにします。

● 8日　16・17ページ

1 (1)命がない世界

(2)自分は生きと死のはざまにいる

(3)(例)命の存在を実感することができる。

(4)あ空気　い生きていけない

(5)ほんと〜ている

(6)奇跡のような存在

考え方

1 (1)宇宙空間では生き物の気配が感じられないことから、筆者は宇宙空間を「命がない世界に包まれて」と表現しています。

(2)今は生きているものの、何かのはずみでヘルメットが割れたとたん死んでしまう状態であることを読み取ります。

(3)第九段落《だんらく》で、地球にいると「命や死についてふだんはあまり考えない」と書かれています。つまり、宇宙に出ると『命』が見える」というのは、宇宙に出ることで、今まで意識《いしき》していなかった「命」について考えることを意味しています。第十三段落の、「命がどこにでもあるものではないことを実感した」も同じ意味合いをもつ文なので、ここを参考にしてまとめても正解《せいかい》です。

(4)直前に「宇宙は基本的に命の存在を許さない」とあります。これを受けて筆者は宇宙を「死の空間」と表現しているのです。宇宙が「命の存在を許さない」のは、何が「ない」からなのかを考えます。

(5)地球は、「ほんとうにうすい」大気の層によって、「外側の死」とへだてられていることを、「死と隣り合わせ」と表現しているのです。

(6)筆者は、「命があると実感した星は地球だけだった」ことから、「ほんとうに奇跡のような存在なんだ」と表現しています。

チェックポイント　言いかえの関係

言いかえの表現をしっかりおさえることで、混乱《こんらん》せずに文章を読み進められます。

● 9日　18・19ページ

1 (1)(例)水がない場所では植物は生きられないから。

(2)(例)水や太陽の光や二酸化炭素

(3)あ植物　い草食動物
(4)栄養分
(5)ウ

考え方

1 (1)――①をふくむ段落《だんらく》に着目します。「水がなければ生物は生きていけません」とあり、これが理由になります。
(2)――②の直前に、植物が生きていくための栄養分をどのようにしてつくりだしているかが書かれています。
(3)――③をふくむ段落に、草食動物と肉食動物が、砂漠でどのようにして生きているかが書かれています。
(4)植物は水や太陽の光や二酸化炭素を使って、自分で栄養分をつくりだすことができます。一方動物は、第四段落にもあるように、自分で栄養分をつくりだすことができないため、植物やほかの動物を食べることで、栄養分をとりいれるのです。
(5)ウの内容は最終段落に書かれています。アは、「唯一の場所」とは文中に書かれていないためあやまり。イは、井戸のために「オアシス」をつくるのではないのであやまり。オアシスがあるからそこに井戸をつくり、水をくみあげることができるようになるのです。エは、「豊かな水があるオアシスでは、人びとがすみつき」という本文の内容に合わないのであやまりです。

チェックポイント　対比の関係

説明文では、二つ以上の物を対比させることで、今伝えようとしていることの特徴《とくちょう》を示《しめ》そうとすることが多いです。比《くら》べられているもののちがいや共通点をおさえて読みます。

● 10日 20・21ページ

1 (1)あ秩序だった　いゴミ
(2)①そうじの時間
②(例)起きているあいだの意識活動によって脳にたまったゴミをかたづけるため。
(3)エ
(4)①何…筋肉(と比べて)
②どのような点…(例)「ある」というだけでゴミが出る(という点。)

考え方

1 (1)第一段落《だんらく》と第二段落に着目します。「意識の働きというのは、秩序だった働きなんです」「秩序的な働きっていうのは、……『ゴミ』を出すものなんです」とあります。
(2)①――②をふくむ一文に着目します。「眠っている時間は、……脳が脳の中のゴミをかたづけている時間なんだ」とあり、その時間を「そうじの時間」と言いかえています。
②第四段落に着目します。人間は起きているあいだはずっと意識活動(＝秩序活動)をするため、かならず脳にゴミがたまっていきます。それをかたづけるために、人間は眠るのです。人間の脳は、眠っているあいだに「休んでいる」のではなくそうじをしているのだという点をおさえます。
(3)同じ段落から読み取れます。
(4)筋肉は運動をした分しかエネルギーを使いませんが、意識は「ある」だけで常に活動し、エネルギーを使うので、「ゴミ」が出てしまうのです。

チェックポイント　たとえをおさえる

「ゴミ」や「そうじ」といったたとえから、眠っている時間の脳のはたらきを読み取ります。

● 11日 22・23ページ

1 (1)おもしろかった
(2)エ
(3)夢の中で、～しまった。
(4)ウ
(5)あ同じくらい　い追いつけない

考え方

1 (1)――①をふくむ段落《だんらく》の最後に「バウとい

っしょにただ走るだけでおもしろかったから」とあります。

(2)「ぼく」はバウと走るのがおもしろいから走っていたのです。よって、「ぼく」が「走らない子どもになった」のは、バウと走れなくなったから、と考えるのが適切です。文末の注を見ると、バウは車にはねられて死んでしまっているので、エが正解《せいかい》です。

(3)「朝起きると」から始まる段落があります。この段落の前までが夜、つまりねむっているあいだの出来事になるので、直前の「またねむってしまった。」の最後の五字をぬき出します。「ねむってしまった」は、現実《げんじつ》の場面のように思われますが、現実で「ぼく」が起きていてまたねむった、というわけではないので、ここでは「夢の中のぼく」がねむってしまったと考えるのが自然です。

(4)「そんなの」とは、直前の「あれは、夕べ、……それをどうしてバウがはいてるんだろう」を指します。

(5)「いつもはずっと同じくらいの速さなのに、おかしいな、ちっとも追いつけない」の部分に着目します。

チェックポイント 話の展開《てんかい》をおさえる

この文章は、バウとの思い出を思い出す場面、夢を見る場面、目が覚めてからの現実の場面、と場面が変わります。場面の切りかわる点をおさえつつ、話の展開を理解《りかい》します。

● 12日 24・25ページ

1 (1)(あ)歴史的惑星 (い)ドワーフ・プラネット

(2)天体の形

(3)(あ)引っぱりあう(引っぱっている) (い)太陽

(4)イ

(5)3(段落)

考え方

1 (1)2段落の内容をまとめています。

(2)4段落の「委員たちは、天体のあるところに注目しました。それは『形』です」の部分に着目します。「形」のみでも正解です。

(3)――③に続く、6・7段落で、万有引力の特徴《とくちょう》をより具体的に説明しています。

(4)3段落のはじめに「しかし」とあります。「しかし」は、前の文とあとの文の内容が逆《ぎゃく》になる場合に使われます。2段落では「惑星を二つのグループに分けた」ということが、ある程度《ていど》の進展《しんてん》のように書かれていますが、3段落ではそれを「惑星を二つのグループに分けただけ」と否定的な言い回しで説明していることを読み取ると、イの説明が適切となります。

(5)前半は惑星のグループ分けについて書かれており、後半は惑星がどのような天体かという定義《ていぎ》について書かれています。途中、万有引力についての説明もありますが、これは、惑星＝ボールのような球形をしている、という定義の説明の一部であり、後半の内容にふくまれます。よって、惑星とはどういう天体か、という定義について語り始めた最初の段落、3段落が正解です。

チェックポイント 段落の内容をおさえる

どの段落からどの段落までが、同じ内容について述《の》べられているかを、よく読んでおさえます。「しかし」「一方」「ところで」など、話の内容を切りかえる言葉もヒントになるので、着目するとよいです。

● 13日 26・27ページ

1 (1)ウ

(2)(あ)敵か味方か (い)話をする相手

(3)イ

(4)(あ)イ (い)ウ (う)オ

(5)将棋盤の上で争っても、心は打ち解けていました

考え方

1 (1)この国境には、大きな国の兵士(老人)と、小さな国の兵士(青年)の二人しかいません。

よって、ウが正解《せいかい》です。

(2)——②の次の段落から読み取れます。

(3)「うららか」は、よい天気を表す代表的な言葉です。

(4)文章全体を読み、二人の兵士の関係をおさえましょう。最初はろくろくものも言わなかった二人ですが、やがて仲よくなっていきます。ほかにだれもいない国境では、二人が争う必要がないからです。おたがいに「ちがう」国の兵士であるにもかかわらず、いっしょに会話や「将棋」を楽しむ様子は、「友達同士」のようだと読み取れます。

(5)最後の一文に「二人はいっしょうけんめいで、将棋盤の上で争っても、心は打ち解けていました」とあります。二人がすっかり仲よくなり、心を許《ゆる》し合うようになっている様子をおさえます。

チェックポイント　主題を読み取る

この文章の主題は、「ちがう国の人間であっても、一人一人と向き合えば友人になることもできる」というところにあります。文章全体をよく読み、伝えたいと思われる主題をおさえます。

● 14日　28・29ページ

1 (1)赤ちゃん

(2)安全な水(がほしいということ。)

(3)(あ)たきぎ　(い)やけど　(う)時間

(4)(あ)七十度　(い)細菌や病原体

(5)イ

考え方

1 (1)最後の段落《だんらく》に「なによりすばらしいのは、……赤ちゃんの死亡率がへったこと」と書かれています。

(2)次の段落の最初に着目します。「その話し合いから最初に生まれたのが、水をきれいにする装置です」と書かれています。村人が一番に求めたのは、安心して飲める水であったことがわかります。

(3)——②をふくむ段落に書いてある三つのポイントを読み取ります。今までケニアの女性たちが、苦労しながら料理をしていたことをおさえます。

(4)——③の直前に書かれています。しかし、たとえわかっていたとしても、エンザロ・ジコのなかった村ではどうしようもなかったのだ、という文脈であることもおさえます。

(5)アは「一人で考えて提案した」があやまりです。岸田さんは「直接みんなの声を聞いた」上で、ケニアの人が求めていたものを作り出しています。

チェックポイント　結論をつかむ

結論は文章の最後か最初にまとめて書かれていることが多いです。結論にいたるまでの論の展開《てんかい》と合わせて読み取るようにしましょう。

● 15日　30・31ページ

1 (1)(あ)野生動物　(い)対馬の誇り、象徴

(2)2(段落)

(3)ウ

(4)①飼育下のツシマヤマネコを野生に返すこと。

②(もともといた)野生の生きもの

(5)生きていく

考え方

1 (1)2段落では「ニワトリ小屋に近づいてくる野生動物」、9段落では、「対馬だけに生息する動物」「対馬の誇り、象徴」といわれています。人々にきらわれやすい「野生動物」としての一面と、対馬という地域の「象徴」である一面の両方を「ツシマヤマネコ」が持ち合わせていることをおさえます。

(2)2段落が問題提起《ていき》となっています。文末に「?」があるのがヒントになります。

(3)8段落に、95%以上が、「ツシマヤマネコは絶滅が心配され」、「その保護活動が行われ

ている」ことを知っていた、とあります。
(4)①②11段落に着目します。「飼育下のツシマヤマネコを野生に返す」ことについては、「もともといた野生の生きもの」だから、「賛成」しているのです。
(5)12段落に「ツシマヤマネコが生きていくことができるか心配する立場の人が半数近くいた」とあります。

チェックポイント　説明文の読み取り
問いの答えは、前後の文から見つかることが多いですが、文章全体からさがさなくてはならないこともあります。言いかえの表《ひょう》現《げん》や問いの答えなどを、はなれた段落からもさがし出せるようにします。

●16日　32・33ページ

1 (1)(あ)コンプレックス　(い)自然　(う)のびやか
(2)ア
(3)いのししが突進してきた、ような足音
(4)(あ)駆けっこ　(い)憎めない
(5)ウ

考え方
1 (1)第二段落《だんらく》から、「わたし」が、自分だけ個性がないことをコンプレックスに感じていることがわかります。
(2)――②の直前に「下手くそなワルツをほめられて」とあり、少しあとに「もう少し絹子先生にほめられていたい気分だった」とあることから、照れくさいがうれしいという気持ちであることがわかります。
(3)サティのおじさんと君絵がもどってきたときの様子をどのように表しているかに着目します。
(4)次の段落に「これじゃ、だれも彼を憎めない」とあります。「これ」とは、君絵と駆けっこをして勝ったことがうれしいのか満面の笑顔でいることなどを指します。おとなの男の人の中でも、サティのおじさんは特別な人なのだと、「わたし」は考えています。
(5)「いちばん最初に、いちばん好きな色をえらんだのは絹子先生だった」ことから、サティのおじさんは紙袋を絹子先生にわたしたとわかります。

チェックポイント　登場人物のちがい
この物語には、「わたし」「絹子先生」「君絵」「サティのおじさん」の四人が登場します。行動や話し方などから、それぞれの人物の特徴《とくちょう》をおさえます。

●17日　34・35ページ

1 (1)イ
(2)(あ)(少し)大げさ　(い)ギャグのネタ
(3)エ
(4)①A　②A　③B
(5)(例)畑の真ん中に入って行かなければならなかったから。

考え方
1 (1)第一段落《だんらく》で、少年が一人で町を探検していることを「お母さんは知らない」、と書かれています。少年は、今の学校でうまく友だちをつくることができず、そのようにしていることを母親に気づかれないように、わざと「はずんだ声」を出しているのです。
(2)転校して「すっかり人気者だ――と、勘違いしてしまった」あとに、少年がどのような行動を取ったのかを読み取ります。
(3)「聞こえよがし」は、「聞こえよがしの悪口」などと使います。わざと相手に聞こえるように、言うことを表します。
(4)「一週間前」まではクラスのみんなとうまくいっていたこと、反対に「いま」はうまくいっていないことを読み取って答えます。
(5)最後の段落に「畑の真ん中にふわりと落ちたのを確かめると、自転車を乗り捨てて」畑に入ったとあることに着目します。こい

のぼりを拾うためには「しょうがない」と思いつつ、勝手に畑に入るのを申し訳《わけ》ないと感じている、少年のまじめな気持ちが読み取れます。

チェックポイント　心情《しんじょう》と行動

物語では、登場人物の心情と、それにともなって変化する行動を読み取ることが大切です。なぜこのような行動をしたのかや、そのときどのような気持ちだったのかを考えながら文章を読むようにします。

●18日　36・37ページ

1 (1)エ

(2)(例)ピアノを習わなくてもいいこと。

(3)あ欲しくなかった　い不公平

(4)(例)私がピアノの値うちをまったく理解せず、弟の自転車をうらやんだから。

(5)イ

(6)(例)父の「今の自転車がこわれたら」という言葉を受けて、今の自転車をこわすと言い出したから。

考え方

(1) ① の前後の内容に着目します。「ピアノの黒は悪い黒だ」「ピアノは、かつてない手ごわい敵になった」などから、「私」がピアノのことをまったくよく思っていないことを読み取ります。

(2)進は、男の子なのでピアノを習わずにすんだと書かれています。

(3)「私」は自分だけピアノを毎日弾かされ、弟の進がピアノをひかなくてもいいことにイライラしています。さらにこのあと、弟の進は一番欲しかった自転車を買ってもらったため、欲しくなかったピアノをプレゼントされた自分と比べ「不公平」だと感じ、イライラが爆発したのです。

(4)直後の文で、「私」は両親から、ピアノの値段が高価《こうか》であることや、ピアノが弾けることのすばらしさを説明されています。

(5)一つ前の段落で、「弟」が自転車を買ってもらったことを、「不公平」だと言っています。 ⑤ も同じ状況《じょうきょう》なので、ここには「不公平」と似《に》た意味の言葉が入ります。

(6)直前の「私」の言葉に着目します。

チェックポイント　登場人物の気持ち

登場人物の気持ちをしっかりと読み取れるようにします。今回の文章では、「私」の「イライラ」に着目し、その理由や、具体的にどんなことを思っているのかをおさえることが大切です。

●19日　38・39ページ

1 (1)あ男性　い女性らしくない

(2)言語道断

(3)あ美しい　いごてごてした

(4)自然な～ないか(と考えたから。)

(5)エ

考え方

1 (1)次の段落に、「一九二〇年代まで、黒は喪服か、男性の服の色とされて」いたことと、「黒は汚い色、悲しみの色、女性らしくない色とされ、きらわれて」いたことが書かれています。

(2)「言語道断」は「ごんごどうだん」と読み、とんでもない、もってのほかという意味です。ここでは、女性が舞踏会やレストランに出かけるときに黒を着るなど「とんでもない」という意味で用いられています。もう一つかくれている四字熟語は、「問答無用」です。それ以上話し合っても無駄《むだ》なため、話し合いを終わらせるときなどに使います。

(3)シャネルは「一つずつを見れば美しい色なのですが、……ごてごてした印象になるばかり」と気づいたのです。

(4)「そこで」は、前に述《の》べたことが、あとのことがらの原因・理由になることを表す言葉です。
(5)前の段落で、「黒は陰気で暗い色という『常識』も破ってみせる」とシャネルの決心が書かれています。当時は常識破りだったシャネルの考えも、今の時代では正しい結果をもたらしていることから、シャネルの言葉を「名言」と表現しているのです。

チェックポイント 伝記を読む
歴史上の人物について、その一生や取り組みを記したものを伝記といいます。昔の人々の考えや行動から学び、今の時代や自分の人生にいかせるものがないか考えるようにします。

● 20日 40・41ページ

1 (1)第一級の天才科学者
(2)ア
(3)ア
(4)エ
(5)(例)ガリレオが、アリストテレスの説がまちがっていることを証明すると言い出したから。

考え方

1 (1)「ガリレオの名はまたたくまにヨーロッパじゅうに広がり」とあることから、多くの人々がガリレオの活やくをみとめ、尊敬《そんけい》していたことがわかります。
(2)「しっぽを巻いて」は負けてにげていく様子を表します。
(3)アはアリストレスの研究です。本文の後半でガリレオはこのアリストテレスの説はまちがいであることを、実験で証明すると言っています。
(4)(中略)のあとの部分で「わたしがその(アリストテレスの)まちがいを証明してみせよう」と話していることから、ガリレオは自分の説に自信があることが読み取れます。
(5)アリストテレスのようにえらい学者の説をうたがうなどということは、ふつうの人々はしません。しかし、ガリレオがそのアリストテレスの説を、まちがっていると証明すると言い出したために、大学の人々は大さわぎをしたのです。

チェックポイント 伝記を読む
伝記は、人物の経歴《けいれき》やその人が生み出した成果だけでなく、当時の心情《しんじょう》にも注意して読み進めます。

● 21日 42・43ページ

1 (1)(例)体をめちゃくちゃにゆらして、フラフープをまわすこと。(二十六字)
(2)ウ
(3)なわをまわしている二人
(4)①みわ・りゅう・雪子(ちゃん)(順不同)
②(例)上下しているのは体だが、雪子ちゃんには周りの景色が上下しているように感じられたということ。
(5)(例)なわとびをとべた雪子ちゃんが、あんまり楽しそうにしていたから。

考え方

1 (1)わっかのなかに立ったちなみが、「体をめちゃくちゃにゆらして、フラフープをまわし」ているのを指して、ほかのみんなも同じことをしていると述《の》べているのです。
(2)——②のあとに、「見ているだけで目がまわりそうだったのです」と、雪子ちゃんの心《しん》情《じょう》が書かれています。
(3)次の行で「雪子ちゃんとりゅうが近づくと、なわをまわしている二人が言いました」とあります。
(4)①「二人がなわをまわし、一人がまんなかでとんでいます。とんでいるのはみわでした」「まずりゅうがとびこみます」「雪子ちゃんは……とびこむと」とあることから、雪子ちゃんをふくめて三人がとんでいるのだとわかります。
②「壁が上下するのを見ました」というのは、本当に壁が上下に動いていたわけではありません。なわとびをとんで体が上下するのに合わせて、景色が上下して見えると

いうことです。

(5)——⑤のあとに、「小おどりしてよろこぶ雪子ちゃんが、あんまりたのしそうだったからです」とあることに着目します。

チェックポイント　場面をおさえる

物語の場面をおさえながら読むようにします。今何をしているのか、何に対してどう思っているのかを、しっかり読み取ることが大切です。

● 22日　44・45ページ

1

(1)気候

(2)(例)ヨーロッパでは、家は冬にくらしやすいようにつくられること。

(3)これは、日

(4)さわやか

(5)①(例)日本人が長い夏休みをとろうとしなかった理由。

②(大事な)労働の季節

考え方

1

(1)直前の「例えば」は、前の内容《ないよう》の具体的な例を示《しめ》すときに使う言葉です。

(2)「これ」のような指示語《しじ》は、前に書かれている内容を表すことが多いです。ここでは前の段落《だんらく》の、ヨーロッパの家が冬にくらしやすいようにつくられているという内容を表します。また、「これに対し、日本では……」とあることから、「これ」の内容が日本の家のつくりとは反対になることにも注意します。

(3)直後の文章に着目します。日本の家のつくりを具体的に述《の》べたあとで、その理由を述べていることがわかります。

(4)□をふくむ段落に着目すると、□にはヨーロッパの夏がどのような季節であるかを表す言葉が入ることがわかります。

(5)①直前の一文が答えにあたります。

②稲作は夏に「草取りや病虫害のよぼう」をしなければいけません。そのため日本人は、夏に長い休みをとることをしなかったのです。

チェックポイント　筆者の考えを読み取る

説明文や論説文《ろんせつ》では、理由を述べながら、筆者の考えが示されます。どこに理由が述べられているか意識《いしき》しながら読み取ります。

● 23日　46・47ページ

1

(1)(あ)食べ物　(い)(カメラの)フラッシュ

(2)ウ

(3)イ

(4)この美しい～覚えている(のだろうか。)

(5)だれに…(例)意識の低い観客(に)

何を…(例)「いのち」は面白半分で向き合う相手ではないということ(を理解させる。)

考え方

1

(1)最初の段落《だんらく》で、筆者が「よくない」と考える、観客の行動が挙げられています。

(2)次の段落の「夏の間は茶または灰色の地味な色をしており、今ひとつピンと来ないのだが、これが冬には見事に純白になる」という部分が、ウの内容と合います。

(3)「息を呑む」は、感動やおどろきのあまり、息を止めるという意味です。

(4)筆者は、ホッキョクギツネが、菓子袋の音に反応《はんのう》してこちらへやってきた様子を見て、「まさか(菓子袋の音を覚えているのだろうか)」と思ったのです。筆者は続けて、ホッキョクギツネが菓子袋の音を覚えている理由を、人間の手によって面白半分に菓子を与えられ、その味を覚えてしまったからではと考えています。

(5)——⑤の前に「……ということを」とあるのに着目します。ここが「何を」にあたる部分です。それをだれに理解させるのかも、同じ段落から読み取りましょう。

チェックポイント　論説文《ろんせつ》を読む

論説文は、筆者の主張が必ずふくまれます。事実と筆者の意見を区別し、整理しながら読み進めることが大切です。

● 24日 48・49ページ

1

(1)あ落葉樹　い人間　う年齢

(2)スポンジ

(3)あ落ち葉の層　い多くの生物

(4)オ→エ→イ→ア→ウ

(5)7・8(段落)

(6)ウ

考え方

1

(1)[あ]は1段落に書かれています。[い]と[う]は・6段落に書かれています。一つの段落だけで答えが見つからなかった場合は、ほかの段落に答えが書かれているということになるので、文章全体から読み取るように心がけます。

(2)すぐあとで「厚くしきつめられた……まるでスポンジの上を歩いているようです」と、筆者はその感触を表現《ひょうげん》しています。

(3)3段落からあとで、――③の問いかけの答えが示《しめ》されます。まず3段落に着目すると、「落ち葉の層には多くの生物がいて、それぞれの役割をになっています」と書かれています。さらに読み進めると、4段落では、この落ち葉の層にいる多くの生物が、落ち葉や落ち葉の中の動物の死体などを分解していることがわかります。そしてその結果、落ち葉が養分たっぷりの土に生まれ変わったのだと5段落で結論《けつろん》づけられています。以上から、「黒くてやわらかい土」をつくったのは、「落ち葉の層」にいる「多くの生物」であるとわかります。

(4)7段落をよく読んで並《なら》べかえます。

(5)7段落のブナの大木に関する説明と、8段落の落ち葉や老木の説明があてはまります。

(6)5段落の内容《ないよう》がウと同じです。

チェックポイント　説明文・論説文《ろんせつ》を読む

段落ごとの内容をまず大まかにつかみます。それから段落と段落との関係を読み取ることによって、文章全体の構造《こうぞう》がはっきりします。

● 25日 50・51ページ

1

(1)対称性の破れ

(2)左右対称

(3)2・3(段落)

(4)左右

(5)あ左右対称　い無表情　ういろんな角度から見た顔

(6)エ

考え方

1

(1)この文章は1~3段落で、人の体や顔の左右が対称ではないことを説明しています。そして、4段落からは『モナリザ』の絵画も左右対称ではないこと、だからこそ「生きている」感じや「美」に通じる何かが『モナリザ』にはあることを説明しています。左右対称でないこととは、つまり対称ではないということなので、この文章のキーワードは「対称性の破れ」だと考えることができます。

(2)1段落の内容をおさえます。人の体が左右対称であることを、「シンメトリーの構造」であると説明していることがわかります。

(3)――②をふくむ2段落では体が左右対称でない点、次の3段落では顔が左右対称でない点について説明しています。

(4)それまでの流れから、左右が対称でない、という点についての述べているのだろうという予想ができます。

(5)6段落と7段落の内容に、それぞれ着目します。『モナリザ』の魅力についてしっかりとおさえることが大切です。

(6)『モナリザ』の魅力は「シンメトリーでないところ」、つまり左右対称でないところにある、と説明したエが正解《せいかい》になります。この内容は、最後の8段落の内容と合っています。

チェックポイント　読み取りのポイント

説明文・論説《ろんせつ》文の読み取りには、段落ごとの内容をまずおさえ、そのあとに同じ話題がどの段落まで続いているかという、話の展開《てんかい》をとらえることが重要になってきます。段落ごとの内容を自分の言葉で説明できるように考えながら読み進めていくようにします。

● 26日　52・53ページ

1

(1) ア

(2) ① 心ってふし〜宙がもえる

② 二つ目…(例)心は、どんなに未来のことでも想像することができるからふしぎだ。

三つ目…(例)心は、何も考えなければカラッポになるからふしぎだ。

(3) エ

考え方

1 (1) 大きな「青空」やまだ存在しない「未来」を思いえがける「心」が「ふしぎ」であるというのが、この詩の主題です。

(2) ① 詩の中に、「心って　ふしぎ」や「考える　考える　考える……」などのまったく同じ表現《ひょうげん》が使われている点に着目します。すると、細かい言葉はちがうものの、一行目〜十行目までと、十一行目〜二十行目までの構成がほぼ同じであることがわかります。これによって、詩は三つのまとまりに分けられます。

② ①で分けた三つのまとまりは、すべて「心って　ふしぎ」から始まります。一つ目は小さな心で大きなものを考えられること、二つ目はまだ存在しない未来のことを考えられること、三つ目は考えないと何も存在しないことを、それぞれ「ふしぎ」に感じています。

(3) (2)で分けた三つのまとまりの内容に着目して考えると、この詩は、考えなければ心は「カラッポ」だけれども、考えさえすれば、小さな心で、大きなものやまだ存在しないものをいくらでも想像できることをふしぎに思っている詩なのだとわかります。これにあてはまるのはエです。

チェックポイント　詩のポイント

「詩」は、作者の感動や伝えたいことがどこにあるのかを考えながら読み進めるようにします。

● 27日　54・55ページ

1

(1) (例)転校していった友達

(2) イ

(3) きみの笑顔

(4) ㋐きみ　㋑やさしく

(5) b

考え方

1 (1) 「転校生のきみに／みんなはやさしくしてくれるだろうか」とあることから、このハンカチをくれた「きみ」は転校していった友達だとわかります。

(2) 「ぼく」にとっては、「重くかたまりそう」になった「心」をやさしくいやすための方法が、「ハンカチで　そっと心をくるむ」ことなのです。よってイが正解《せいかい》になります。三行目・四行目の「いやなことがあったときは／そのハンカチをにぎりしめる」からも、「ぼく」が「きみ」からもらったハンカチを心のささえにしていることが読み取れます。

(3) 「ぼく」の悩みを解決してくれるもの、「ぼく」を前向きにしてくれるものと考えると同じ効果をもつのは、最後のハンカチの奥に見える「きみの笑顔」です。

(4) ——④の次の二行に「転校生のきみに／みんなはやさしくしてくれるだろうか」と書かれている点に着目します。

(5) b以外は、青空色のハンカチのことを意味しています。bだけは本物の青い空のことです。

チェックポイント　詩を読む

詩は短い言葉で表現《ひょうげん》されています。その表現にどのような気持ちがかくされているかに注意しながら、味わうようにします。

● 28日　56・57ページ

1 (1)短歌
(2)ゆきだ
(3)①C・D　②E
(4)五七五
(5)ⓐア　ⓘカ　ⓤキ

考え方

1 (1)短歌は「五七五七七」を基本《きほん》の音数とします。

(2)窓の外を見ると雪が見えたので、「雪だ!」と言おうとしたのですが、体温計をくわえていたので、うまく言えず「ゆひら」になったのです。

(3)①Cは「実だよ」「帽子があるよ大事なことだよ」、Dは「雪のことかよ」が、ともに話し言葉となっています。

②Aは「さくら」とあるので春、Bは「ゆかた」とあるので夏、Cは「団栗」とあるので秋、Dは「雪」とあるので「冬」だと読み取ることができます。

(4)俳句は「五七五」を基本の音数とします。

(5)Gの俳句は「花吹雪」という言葉に着目します。吹雪のように散る花は、ア～クの中では「さくら」だけなので、[ⓐ]には、ア「さくら」が入ります。Hの俳句は、夏草におおわれた「今」の景色を見ながらかつて兵士たちが争いあっていた様子に思いをめぐらせています。よって、[ⓘ]には、カ「過去」が入ります。Iの俳句は、月のきれいな夜に、きりぎりすの声に耳をかたむけている様子を表しています。小さな虫である「きりぎりす」の声が聞こえているので、周りはさわがしくないのだろうと読み取れます。よって[ⓤ]には、キ「静かな」が入ります。

チェックポイント　短歌・俳句を楽しむ

短歌は三十一音、俳句は十七音で、美しい景色や、作者の思いを表しています。ひとつひとつの言葉に着目して、何について書かれた作品であるかを読み取ることが大切です。

● 29日　58・59ページ

1 (1)たいそう
(2)エ
(3)不思議がって
(4)(例)獅子と狛犬が背中合わせになっている理由。
(5)上人
(6)ⓐ(例)特別な理由
ⓘ(例)子どものいたずら

考え方

1 (1)「いみじく感じて」とあります。「感じて」は、同じ漢字をふくむことから「感心して」という意味であると予想することができます。よって、その上にある「たいそう」が「いみじく」の意味であるとわかります。

(2)[　]の直前に「この獅子の立ち方はたいへんめずらしい」とあることから、それには何か理由があるのだろうと予想していると考えられます。

(3)「おのおの」は、現代と同じで「みなそれぞれ」という意味です。よって、その下にある「不思議がって」が「怪しみて」の意味であるとわかります。現代で「怪しむ」というと、うたがうという意味が強くなりますが、古文では不思議に思う、という意味が主です。

(4)【現代語訳】から、「上人、なほゆかしがりて」は「上人は、いっそうその理由を知りたいと思い」という訳になることがわかります。よって上人が知りたがっている理由が何かを答えるようにします。上人はこのあとで、神官にむかって、「この神社の獅子の立て方には、何か特別な理由があるのでしょう。ちょっとお聞きしたいものです」とたずねています。普通は向き合って置かれているはずの獅子と狛犬が、背中合わせに立っていた理由を、知りたがっているのです。

(5) (4)の解説《かいせつ》でも述《の》べた通り、直前の「この……承らばや」は、上人の言葉です。なぜなら、神官をよんでから発した言葉だからです。よって、答えは上人となります。

(6) 神官の最後の言葉「そのことでございます。いたずらな子どもたちがしたのですよ、けしからんことでございます」から、何か特別な理由があるわけではなく、子どもたちのいたずらだったことがわかります。

チェックポイント　古文を読む

最初は意味がわからないと思うかもしれませんが、現代語訳と比《くら》べながら落ち着いて読み進めていけばむずかしいことはありません。話の流れや、結末を考えながら読むとよいです。

● 30日　60・61ページ

❶ (1)くねって　もぐる・うねって　はねる(順不同)

(2)②さかなだった時のこと

③おなかのなか泳いだこと

(3)十一

(4)(例)泳いでいること。

(5)イ

(6)ア

考え方

❶ (1)さかなだった時には「くねって　もぐる／うねって　はねる」ことができていたことが、四行目・五行目からわかります。しかし六行目に「そんなにうまくいかないね」とあるように、さかなの時の泳ぎ方を忘《わす》れて人間になってからは、うまく泳げなくなってしまったことがわかります。

(2)それぞれ前の部分に着目すると、三行目と十五行目で忘れていたことを「思い出」していることがわかります。思い出しているのは「さかなだった時のこと」と、「おなかのなか泳いだこと」の二つです。

(3)九行目・十行目の「すると　ぼく　ことし／二億プラス　十一歳」の部分と対応《たいおう》させます。さかなだった時から数えると「二億プラス　十一歳」ですが、人間の赤ん坊になってからは、「十一年」たっただけなので、「十月プラス　十一歳」となります。「十月」は、赤ん坊が母親のおなかの中にいる期間です。

(4)「ざぼざぼん」は水の中で「ぼく」が動き回っている様子を表しています。

(5)前半と後半で、「くねって　もぐる／うねって　はねる」「すると　ぼく　ことし」「つい　すーい　ざぼざぼん」などがくり返されています。

(6)「ぼく」は「十一歳」とあることから、アが正しいとわかります。

チェックポイント　詩を読む

詩を読むときは、リズミカルな表現や、言葉づかいに着目して楽しみます。

● 進級テスト　62～64ページ

❶ (1)エ

(2)忍び笑い

(3)いける・大丈夫(順不同)

(4)(例)おなかの底から、熱いなにかがわきあがってきたから。

(5)なみだは出ない

・胸の鼓動もおさまっている(順不同)

(6)エ

❷ (1)ウ

(2)いのちの強さ

(3)ア

考え方

❶ (1)——①のあとに、「おずおずといすを引く」とあることから、幸三は音読がいやだと思っていることがわかります。その理由

は、うまく読めないからだということが、読み進めていくうちにわかります。

(2)直前に「剛たちだろう。忍び笑いが広がった」とあります。幸三はクラスメイトに笑われているということを気にしないようにしているのです。

(3)一つ目は、――③の直前にある「いける」です。ここは音読を始めようとしている場面なので、自分で自分に「いける」と言いきかせることで、自分を元気づけようとしていることがわかります。二つ目は後半の「大丈夫」です。ここは幸三が落ちついて音読ができている場面なので、自分をさらにはげましている言葉であることがわかります。

(4)直前に「おなかの底から、とつぜん、熱いなにかがわきあがってきたのだ」とあります。その「熱いなにか」が幸三の口から叫びとなって出てきたのです。

(5)――③をふくむ段落《だんらく》に、「今日もなみだが出てしまうのだろう」とあります。幸三は音読に自信がなく、今まではすぐに泣いてしまっていたのだということがわかります。しかし、今日は「なみだは出ない。胸の鼓動もおさまっている」とあるので、落ちついて音読ができていることが読み取れます。

(6)最後の段落をよく読みます。音読ができるようになったことが自信になったのか、授業中に顔を上げたり、意見を言うことができるようになったりしている幸三のすがたが書かれています。

❷

(1)[　]にはくるみの「殻」をくわしくする言葉が入ると考えられます。ここで作者は、秋が来るたびに「殻」をつくる「くるみの木のいのちの強さ」に思いをめぐらせているので、「強さ」を感じさせる言葉、ウ「堅い」があてはまります。

(2)作者は、四季を乗りこえ、毎年果を作るくるみの木のいのちの強さを、くるみを食べるときに思うのだと言っています。

(3)この詩はくるみの木のいのちの強さについて書かれた詩です。しかし作者は、「秋」ごとに殻をつくるくるみの強さだけでなく、後半ではその「秋」をむかえるまでに、どんなに美しい「春」を過ごしてきたのだろうかと、くるみの一年の成長に思いをめぐらせています。よって正解《せいかい》はアです。

チェックポイント　**登場人物の変化**

❶は幸三の気持ちの変化に着目して読み進めます。緊張《きんちょう》をこえて、きちんと音読ができたときと、それが自信になったその後を読み取ることで、幸三の成長に気づくことができます。